Pesquisa de Marketing

teoria e prática

Pesquisa de Marketing

teoria e prática

Izabel Sabatier de Faria
Mario de Faria

M. Books do Brasil Editora Ltda.

Rua Jorge Americano, 61 - Alto da Lapa
05083-130 - São Paulo - SP - Telefones: (11) 3645-0409/(11) 3645-0410
Fax: (11) 3832-0335 - e-mail: vendas@mbooks.com.br

Dados de Catalogação na Publicação

Faria, Izabel Sabatier de
Pesquisa de Marketing: Teoria e Prática/Izabel Sabatier de
Faria e Mario de Faria.
2009 – São Paulo – M.Books do Brasil Editora Ltda.

1. Pesquisa de Marketing   2. Marketing   3. Administração

ISBN 978-85-7680-036-1

© 2009 M.Books do Brasil Editora Ltda. Todos os direitos reservados.

EDITOR: MILTON MIRA DE ASSUMPÇÃO FILHO

Produção Editorial
Beatriz Simões Araújo e Lucimara Leal

Coordenação Gráfica
Silas Camargo

Editoração
Crontec

Capa
Carlos Avelino de Arruda Camargo

2009
Proibida a reprodução total ou parcial.
Os infratores serão punidos na forma da lei.
Direitos exclusivos cedidos à
M.Books do Brasil Editoria Ltda.

Aos nossos filhos, Paula e Murillo,
que nos fazem sentir a necessidade
de rever sempre nossas perguntas e respostas.

Sumário

Introdução...13

1. A Pesquisa no Processo do Planejamento de Marketing...15

2. Etapas da Pesquisa...17

3. Tipos de Pesquisa de Marketing...19

4. A Pesquisa no Processo de Comunicação Publicitária..41

5. Planejamento da Pesquisa de Marketing..55

6. *Briefing* de Pesquisa (se você estiver do lado do cliente)...............................75

7. Elaboração da Proposta (se você estiver do lado do instituto)..............................79

8. Questionário da Pesquisa Quantitativa..83

9. Avaliação dos Resultados da Pesquisa Quantitativa...97

10. Roteiro da Pesquisa Qualitativa 107

11. Avaliação dos Resultados da Pesquisa Qualitativa 115

Apêndice A — Questionários 123

Apêndice B — Critério Brasil 137

Bibliografia 139

Agradecimentos

A Deus acima de tudo.

Aos profissionais da Rino Publicidade, Young & Rubicam e a Ângela Cassiano, que nos abriram as portas para o mercado profissional.

Aos professores Gustavo da Cruz e Elisabeth Bighetti, que possibilitaram nossa entrada no magistério.

A Universidade Anhembi Morumbi, que nos possibilitou a convivência com os alunos.

Aos que contribuíram das mais diferentes formas com este livro: Carlos Avelino, Manoel Roberto Nascimento, Ana Maria Ramaglia, Renato Montagnana, Ruy Vasconcelos Monte Claro, Otavio Lima, Camila Holgado, (Andreoli Maning Selvage & Lee), Raquel Paula e Eliane Bizzera (Ibope), Daniela Maluf (Qualibest) e Mônica Fernandes (Reckitt Benckieser).

A todos os nossos alunos, que têm nos enriquecido com suas perguntas, dúvidas, críticas e sugestões.

Aos nossos familiares, amigos e professores pelo amor, apoio e encorajamento constantes.

Prefácio

Normalmente, ao se prefaciar uma obra, deve-se ter em mente a fronteira que existe entre o lado do conhecimento pessoal que se tem dos autores e o lado técnico da análise do conteúdo do texto. Desse modo, mesmo que se perpasse a análise com comentários sobre a capacidade e a experiência dos autores, seria preciso distanciar esses comentários daqueles afeitos ao resultado final, materializado nas páginas do livro.

Como dito, normalmente esse deveria ser o procedimento.

No caso deste texto sobre pesquisa de mercado, no entanto, fica difícil seguir esses pressupostos. Explico melhor, ao contrário de outros textos nacionais sobre o assunto, que se atêm formal e unicamente à epistemologia, a obra dos professores Mário e Isabel Faria apresenta, durante todo seu desenrolar, as aplicações que a teoria permite utilizar na geração prática de conhecimentos válidos e confiáveis sobre o mercado em geral e o comportamento dos consumidores, em particular. Não há descuidos teóricos ou exageradas especificações nos modelos propostos. Há, sim, utilidade real, prática e operacional. Essa qualidade do livro está diretamente ligada aos aspectos pessoais que as atividades profissionais dos autores lhes proporcionam. Ambos atuam há 30 anos na realização de pesquisas, concebendo-as, planejando-as e realizando-as. Ambos atuam há mais de 20 anos na educação superior, estudando os aspectos teóricos da pesquisa de mercado, desenvolvendo modelos e aplicações e compartilhando com seus alunos e a comunidade acadêmica os acréscimos de conhecimento obtido.

É essa rara combinação entre teoria e prática que agrega grande valor ao livro. É essa compreensão do grande valor que se deve conferir ao método e às técnicas de pesquisa científica, ao mesmo tempo em que se deve privilegiar as reais possibilidades práticas de se materializar em resultados gerenciais e em informações mercadológicas os modelos gerados, que torna a leitura deste livro um procedimento enriquecedor à utilização por atuais e futuros profissionais do setor.

Assim sendo, e esquecendo todo o distanciamento do lado pessoal, parabéns ao Mario e à Izabel pela obra concretizada.

Dr. Edman Altheman
Professor da Universidade Anhembi Morumbi, da ESPM e
Diretor Acadêmico das Faculdades Integradas Rio Branco

Introdução

Uma das características essenciais aos empreendedores que buscam o sucesso é a procura de informações sobre o ambiente, o mercado e seus consumidores. Rastrear o mercado e o consumidor é uma tarefa diária, porque suas atividades são dinâmicas.

Pense um pouco em algumas das transformações que ocorreram no Brasil nas últimas décadas e como afetaram os hábitos de compra e o estilo de vida do consumidor brasileiro como: a nova composição das famílias, a diminuição do número de filhos, a entrada expressiva das mulheres no mercado de trabalho, o envelhecimento da população, novas tecnologias, a diminuição do tempo livre e a busca por melhoria da qualidade de vida.

Nesse contexto, a pesquisa de marketing entra como uma das principais ferramentas estratégicas de uma empresa, procurando levantar dados que possam subsidiar decisões mercadológicas, diminuindo os riscos e potencializando os impactos positivos na organização.

Este livro não tem a pretensão de esgotar o tema "pesquisa de marketing". Nosso objetivo é auxiliar o estudante no seu dia-a-dia, na sala de aula, a buscar informações que contribuirão para o embasamento de suas atividades acadêmicas e o início de sua carreira profissional.

Em um primeiro momento, relacionamos as principais informações que o profissional de marketing necessita para desenvolver o seu trabalho e sugerimos os tipos de pesquisa mais apropriados para auxiliá-lo. Para cada um deles, elaboramos um pequeno roteiro das áreas de informações a serem pesquisadas.

É claro que nem tudo é tão simples assim ou funciona dentro de determinado padrão. É importante que você desenvolva um projeto de pesquisa, e este é o segundo momento de nosso livro, no qual detalhamos a importância do briefing, a identificação correta do problema a ser investigado, as hipóteses e objetivos, as diferentes metodologias e opções de amostra.

Procuramos criar um elo entre o projeto e o desenvolvimento do instrumento de coleta de dados (questionário e roteiro), estabelecendo uma relação direta entre hipóteses e objetivos e a formulação de questões. Isso pode parecer óbvio, mas na prática, muitas vezes, isso não acontece. Muitos iniciam a pesquisa com o questionário ou o roteiro, outros elaboram projetos e depois esquecem de levá-lo em consideração na formatação do questionário ou roteiro.

Por último, apresentamos o processo de tabulação e análise. Sem dúvida, existem várias tecnologias disponíveis no mercado que poderão auxiliá-lo das formas mais variadas possíveis. Em nosso caso, nos detivemos em princípios básicos, para serem aplicados em sala de aula, tendo ou não esses recursos.

Você pode entrar no site da ABEP (Associação Brasileira de Empresas de Pesquisa) e da SBPM (Sociedade Brasileira de Pesquisa de Mercado) para conhecer mais sobre o mercado de pesquisa e a profissão de pesquisador. O código de ética é de fundamental importância e também se encontra nesses sites.

Capítulo

1

A Pesquisa no Processo do Planejamento de Marketing

Um dos principais objetivos do marketing é identificar e, em seguida, satisfazer as necessidades do consumidor. Para isso, o gerente de marketing precisa das informações sobre o macroambiente, o microambiente e a empresa.

O Sistema de Informações de Marketing (SIM) é um conjunto de procedimentos e métodos das informações vitais para a análise do mercado e auxilia no processo de tomada de decisões mercadológicas.

Essas informações podem vir de levantamentos diários sobre o ambiente de marketing, utilizando fontes como: internet, jornais, revistas, entidades, associações, governo etc., do sistema de registros internos, onde temos necessidade de acompanhar os relatórios de vendas, pedidos de estoque, preços, lucros etc. e do sistema de pesquisa de marketing.

A pesquisa de marketing é apenas um dos componentes do SIM, cujo objetivo é levantar informações relacionadas a mercado, consumidores, produto, preço, distribuição e comunicação.

De acordo com a AMA (American Marketing Association), pesquisa é:

> [...] a função que integra o consumidor, o cliente e o público ao profissional de marketing por meio de informação — informação usada para identificar e definir as oportunidades e os problemas de marketing, gerar, aperfeiçoar e avaliar as ações de marketing, monitorar o desempenho de marketing como um processo. A pesquisa de marketing especifica as informações necessárias para se atingir esses aspectos, define os métodos para a coleta das informações, gerencia e implementa o processo de coleta, analisa e comunica as respostas e suas implicações. (AAKER, 2001, p.27)

A pesquisa tem uma série de aplicações práticas. A seguir, apresentamos um quadro que relaciona as informações necessárias para o planejamento e o tipo de pesquisa que poderá suprir cada necessidade específica.

Quadro 1.1 Informações para a tomada de decisões e tipos de pesquisa indicados.

INFORMAÇÕES PARA A TOMADA DE DECISÕES	TIPOS DE PESQUISA INDICADOS
1. Comportamento, necessidades, desejos e características do consumidor.	• Segmentação: demográfica, estilo de vida e padrão de consumo • Hábitos e atitudes • Motivacional
2. Características do mercado, potencial, evolução e demanda.	• Potencial de mercado • Vendas e distribuição
3. Produto: conhecimento, experimentação, preferência, comparação com a concorrência.	• Hábitos e atitudes • Imagem • Teste de produto • Mercado teste
4. Preço: estabelecimento de preço, aumento, manutenção e redução.	• Elasticidade de preço • Mercado teste • Vendas e distribuição
5. Distribuição: escolha do canal, avaliação de desempenho.	• Vendas e distribuição
6. Comunicação: escolha de conceitos, avaliação de peças publicitárias, efeitos da propaganda.	• Motivacional • Teste de conceito • Pré-teste de propaganda • Pós-teste ou *recall*

Capítulo

2 Etapas da Pesquisa

O processo da pesquisa de marketing compreende aproximadamente seis etapas, que serão explicadas ao longo deste livro. Apresentamos no momento apenas um panorama do processo para que você tenha idéia do trabalho a ser realizado.

Planejamento da pesquisa

É a elaboração do projeto: definição do problema, objetivo, hipóteses, metodologia, amostra, orçamento e prazos. O cliente elabora um briefing com informações sobre o mercado, produto e problema a ser investigado. O instituto analisa o caso e formaliza uma proposta de pesquisa.

Elaboração do instrumento de coleta de dados

Elaboração do questionário, no caso de pesquisas quantitativas, ou de um roteiro, quando se tratar de pesquisas qualitativas. O instrumento só é elaborado após a aprovação da proposta de pesquisa.

Pré-teste do instrumento

Sua aplicação destina-se a uma pequena parcela do público a ser entrevistado. É importante para a avaliação da eficiência e da eficácia do instrumento. Através do pré-teste, verificamos se as questões estão sendo entendidas pelo entrevistado e se existe necessidade de ajustes na mecânica da aplicação ou aspectos que devem ser mais enfatizados.

Trabalho de campo

Envolve as entrevistas propriamente ditas, passando pela coleta de dados até a crítica e a verificação dos questionários aplicados. Em pesquisas quantitativas, envolve a verificação de um percentual de questionários, em que os supervisores de campo contatam novamente os entrevistados, conferindo o trabalho dos entrevistadores que os aplicaram os questionários.

Codificação e tabulação

Em pesquisa quantitativa, consiste na leitura dos questionários e na codificação das questões abertas para, em seguida, serem tabuladas. O processamento é realizado tanto manualmente quanto eletronicamente. Em pesquisa qualitativa, consiste nas transcrições dos grupos.

Análise e interpretação dos dados

Consiste na leitura analítica pormenorizada de todas as áreas investigadas. Em suma, é a passagem do estágio de dado para o estágio de informação. É o momento em que o pesquisador retoma a finalidade da pesquisa – decisão a subsidiar – fornecendo as respostas que originaram todo o processo (Guia do usuário de Pesquisa. Revisão 1997/1998. ABA).

Capítulo

3 Tipos de Pesquisa de Marketing

1. Pesquisa de segmentação

Objetivo

O mercado como um todo é grande e heterogêneo, quanto a necessidades, expectativas de benefícios, comportamentos e atitudes. Os recursos são limitados para atendê-lo totalmente. Por isso, precisamos segmentar para identificar com rapidez e eficiência grupos homogêneos de clientes que representem oportunidades mercadológicas expressas em vendas e lucros. Desta maneira, conseguimos alocar, de modo eficiente, os recursos da empresa e obter vantagens competitivas. (PINHEIRO, 2006, p.147)

Áreas de informação

A. Potencial do mercado
- Tamanho do mercado
- Concentração geográfica: cidades, bairros e ruas

B. Perfil dos segmentos
- Classe
- Instrução
- Ocupação
- Renda
- Idade
- Sexo
- Estado civil
- Ciclo familiar

C. Padrões de consumo
- Freqüência de compra
- Local de compra

- Lealdade a marcas
- *Heavy, medium, light users*

Na prática

O século XXI indica diversas transformações na demografia no Brasil, e o idoso se destaca como segmento importante.

Os dados do IBGE confirmam o envelhecimento constante da população brasileira. Desde 1940, o número de idosos no país aumentou quase 29 vezes. A porcentagem mais que duplicou — era de 4,1% naquela década, chegou a 7,9% em 1992 e hoje está em 9,1%, somando 15,3 milhões de pessoas.

Quando se diz que o Brasil está envelhecendo, estão sendo consideradas as menores taxas de fecundidade e de mortalidade — ou seja, os idosos estão morrendo menos e também estão nascendo menos crianças, o que faz com que a população como um todo passe a ser um pouco menos jovem. A expectativa de vida do brasileiro vem evoluindo de forma considerável: nos anos de 1980, os homens viviam em média 59 anos e as mulheres 64; hoje, a expectativa para os homens é de 64,5 e para as mulheres, de 71 anos.

Segundo estimativas do IBGE, em 2030, o Brasil terá 16% de sua população com mais de 60 anos. Com uma renda que soma 7,5 bilhões de reais ao mês, o dobro da média nacional, os idosos têm muito mais poder de influenciar hábitos de consumo nas famílias do que se imagina. Segmentar o mercado para o idoso é sem dúvida uma boa estratégia.

Desde 1993, quando realizamos o estudo "A vida a partir dos 50: o retrato de um consumidor esquecido" (Prêmio Revista Marketing) em parceria com a Rino Publicidade, observamos as falhas do marketing em sua relação com os consumidores com idade entre 60 e 70 anos: algumas vezes, por meio de produtos e serviços, e outras, na comunicação, tratando-os como pessoas de 40 anos ou tão-somente como simpáticos e estereotipados velhinhos. Constatamos na época que o *target* pesquisado se caracterizava por ser mais dinâmico, sensível a inovações, exigente, com poder de compra, independente e cada vez mais interessado em outras necessidades, não só as básicas. Mantinha um estilo de vida ativo, viajando, comprando, comendo fora de casa e passeando nos shoppings da cidade. Passados mais de 15 anos, vemos essas tendências se confirmando através de um estilo de vida cada vez mais ativo e uma enorme disposição para o consumo.

Uma pesquisa realizada pela Ipsos-Marplan em abril de 2005, em nove centros urbanos, com 50.520 entrevistas, que representam uma população de 34,5 milhões de pessoas e divulgada com exclusividade pela revista *Shopping Centers*, mostra que um terço dos idosos viajou pelo país neste último ano e tem como hábito fazer compras em shopping centers. As mulheres com mais de 65 anos são ainda mais ativas que os homens da mesma idade.

Os idosos vão às compras com freqüência, estimulados por uma privilegiada estabilidade financeira — 87% deles não precisam se preocupar com o aluguel, pois têm casa ou apartamento próprio, e 31% possuem caderneta de poupança. Os percentuais estão acima da média da população pesquisada pela Ipsos, de 79% e 28%, respectivamente.

A pesquisa da Ipsos mostra que 74% dos idosos têm interesse por notícias, além de um leque de *hobbies*, com destaque para ouvir música (66%), cozinhar (71% das mulheres) e fazer jardinagem (47%).[1]

A Rino Publicidade sempre focada nas tendências de comportamento de consumo transformou esses dados de pesquisa em planejamento, que gerou uma campanha, para o Cred Melhor Idade do Banco Cruzeiro do Sul, que quebra o estereótipo do velhinho simpático e mostra um consumidor com um estilo de vida totalmente sintonizado com os dias atuais.

Figura 3.1 Campanha publicitária Cred Melhor Idade, Banco Cruzeiro do Sul (2005).

---

[1] Revista *Shopping Centers*. Abrasce, São Paulo, SP. Disponível em: <http://www.abrasce.com.br>. Acesso em 24 abr.2005.

Outras empresas estão atentas e têm procurado intensificar as ações voltadas para a terceira idade. A União das Faculdades Abertas à Terceira Idade (Ufati) acompanha as iniciativas educacionais na área universitária destinadas a esse segmento. Atualmente, estão cadastradas cerca de vinte instituições paulistas de ensino superior que dispõem de cursos dirigidos.

Outro segmento em grande expansão é o turismo. Diversas empresas estão se estruturando para focar nos clientes que já passaram dos 65 anos, por meio de roteiros específicos de viagem e da contratação de profissionais qualificados e bem-informados, pois esses consumidores gostam de saber detalhes sobre destinos, hotéis e meios de transporte. A Secretaria de Turismo do Estado de São Paulo, hoje vinculada à Secretaria de Ciência, Tecnologia, Desenvolvimento Econômico e Turismo, lançou recentemente o *Guia de Serviços Terceira Idade,* com informações gerais para o público, cuja distribuição é gratuita em repartições públicas.

É crescente a recomendação de atividade física moderada para a terceira idade. Academias (ginástica e ioga) e escolas de dança atraem quem já passou dos 65 anos não apenas pela preocupação com a saúde, mas também pela possibilidade de ocupação social.

Além da diversão, os idosos querem aprender. Os cursos de informática também estão se proliferando. Na internet, existe uma lista enorme de endereços que atendem às necessidades da terceira idade.[2]

2. Pesquisa de segmentação por estilo de vida

Objetivo

As variáveis sociodemográficas e as classes sociais proporcionam apenas um conhecimento relativamente descritivo dos consumidores.

Em certo sentido, o conjunto de compra e consumo e do modo de consumir reflete o estilo de vida dos diferentes grupos da sociedade; por isso, a pesquisa de estilo de vida é utilizada para a segmentação de mercado. Além disso, também fornece idéias de temas para propaganda.

O estudo é baseado em influências externas (cultura/família) e influências internas (idade/valores), e expresso por suas atividades (ações comportamentais), interesses (grau de atenção a determinado objeto) e opiniões (crenças e valores) do consumidor.

---

[2] NADER, Vinicius. Oportunidades de Negócios. Sebrae, São Paulo, SP. Disponível em: <http://www.sebrae-sp.com.br>. Acesso em 26 abr.2005.

Áreas de informação

Quadro 3.1 Características do estilo de vida.

Atividades	Trabalho *Hobbies* Férias Eventos sociais	Clubes Compras Esportes Entretenimentos
Interesses	Família Casa Trabalho Alimentação	Comunidade Recreação Moda Veículos de mídia
Opiniões	De si próprios Política Negócios Futuro	Economia Educação Produtos Cultura

Fonte: Mattar, 1996.

Na prática

As pesquisas de estilo de vida têm ganhado força desde os anos de 1980. Nossa primeira experiência com esse tipo de estudo foi na Young & Rubicam, que aprofundava a classificação dos Estados Unidos, baseada no Sistema de Valores e Estilos de Vida (VALS), que classifica os consumidores em diferentes estilos de vida de acordo com a forma como gastam seu tempo e dinheiro disponíveis.

Em 2005, essa agência divulgou uma pesquisa que traça o perfil do consumidor no mundo inteiro, denominada 4Cs — Cross Cultural Consumer Characterizacion. A vantagem do 4Cs está na simplicidade e na universalidade do conceito. Com base nessa pesquisa, a Young & Rubicam constatou que existe uma série de comportamentos comuns em qualquer parte do globo, permitindo uma divisão por grupos. A agência chegou a sete perfis: Transformador, Explorador, Vencedor, Emulador, Integrado, Batalhador e Inconformado. As diferenças vão desde o consumidor menos materialista do mundo, o Transformador, até aquele bastante consumista e ligado à moda, o Emulador. Neste último perfil se encaixam 25% dos brasileiros. Outros trazem características curiosas, como o Batalhador, mais ligado a instituições, ou o Explorador, atento aos lançamentos de novos produtos.

Existem vários outros estudos do gênero. Muitas empresas procuram compreender os valores e os estilos de vida do consumidor para subsidiar seus esforços de segmentação.

A Editora Abril, em parceria com o Ibope Inteligência, realizou a pesquisa "Mulheres da Classe C — Segmentação. Uma Mesma Classe. Diferentes Realidades", 2003. O intuito da pesquisa era conhecer o perfil de mulheres pertencentes à classe C, bem como seus hábitos de consumo, o tamanho da amostra, os diferentes perfis psicológicos e a sua participação na sociedade em geral.

Integrantes de um contingente de 58 milhões de pessoas, que representam 28% do consumo no Brasil, movimentam algo em torno de 200 bilhões de reais por ano.

O Plano Real trouxe mais que um ganho momentâneo de renda para os mais pobres. A manutenção da inflação baixa assegurou às pessoas maior capacidade para planejar as suas iniciativas e estratégias, não apenas para a aquisição de bens de consumo, mas também, mais amplamente, para a construção de suas trajetórias de vida. Os problemas não desapareceram, mas pudemos — indivíduos, empresas e governos — passar a enxergá-los e a enfrentá-los em melhores condições.

A crescente participação no mercado de trabalho e a escolarização cada vez maior permitem às mulheres da classe C exprimir mais livremente seus desejos e preferências no mercado de consumo: adquirir, comprar, cuidar-se, embelezar-se. As mulheres da classe C são mais felizes do que muitos imaginam. Formam uma nova geração de mulheres conscientes e inovadoras. A pesquisa realizada pela Editora Abril e Ibope Inteligência mostra os aspectos comuns entre as mulheres pertencentes à classe C. Apresentamos a seguir a relação dos dados obtidos:

Tabela 3.1 Aspectos demográficos das mulheres da classe C.

39% têm ensino médio	42% são casadas e 17% moram junto
75% têm filho	41% são brancas e 42% são pardas
59% são católicas e 24% são evangélicas	
53% trabalham e 15% estão desempregadas	
70% têm casa própria	31% têm automóvel
50% têm renda familiar de R$ 481,00 a R$ 1.200,00	

Fonte: Editora Abril / Ibope Inteligência (2003).

A intensa valorização da família, dos filhos e, conseqüentemente, do papel de mãe é uma característica marcante das mulheres da classe C. Elas sonham, se projetam e se realizam na felicidade e no sucesso dos filhos. Eles mobilizam e também aparecem como argumento para a maioria dos desejos e motivações. Outro aspecto importante é o papel da família como um porto seguro, que atende a necessidades afetivas, de afiliação e de segurança. É também na família que elas procuram harmonia e solidariedade.

Também segundo o trabalho realizado pela Editora Abril, a visão sobre elas mesmas é extremamente positiva e reveladora. Elas sabem que conquistaram um lugar de destaque na sociedade e isso é motivo de grande orgulho. Apesar das dificuldades econômicas, acreditam em si mesmas e valorizam o otimismo.

A satisfação é outro sentimento comum e relevante no perfil dessas mulheres batalhadoras. Sim, elas são felizes, otimistas e confiantes em relação ao futuro.

Outro dado importante diagnosticado é que não se observa a mesma satisfação com o lado profissional. Apesar do enorme desejo e disposição de crescer pessoal e profissionalmente, elas estão muito descontentes com o salário, com a formação escolar e com o trabalho em geral.

A confiança delas nas instituições é proporcional à segurança e ao apoio oferecido. A família, a escola e a igreja protegem e dão suporte. Por isso, são tão bem avaliadas. Já os partidos políticos e os líderes empresariais, na opinião da maioria, são pouco confiáveis.

Uma vez que valorizam a família, mostram-se muito preocupadas e contrárias à legalização das drogas e do aborto. O sexo mantém-se como tema polêmico e, às vezes, tabu. Da mesma forma, elas se revelam ambivalentes em relação ao divórcio.

O índice de ascensão social é uma medida definida pelo Ibope Inteligência a partir de atitudes, opiniões e reflexões das entrevistadas que se predispõem a comportamentos que podem levar à ascensão social. Escolaridade, autoconfiança, otimismo, crença na capacidade de mudança são alguns exemplos relevantes na composição deste índice.

A pesquisa revelou o perfil das mulheres que possuem comportamentos que podem levar à ascensão social, que utilizaremos para nosso exemplo:

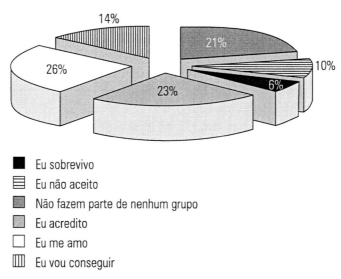

Gráfico 3.1 Perfil das mulheres da classe C. Fonte: Editora Abril – (2003).

Eu acredito

Este segmento é formado, em sua maioria, por mulheres de 24 a 35 anos, que representam 23% das pesquisadas. Elas são curiosas, atraídas pelo novo e confessam ter muita vaidade. São regidas pelo desejo de harmonia, aceitação social e preservação. Sentem-se ansiosas e temerárias em relação ao prazer e, de forma relativa, demonstram forte senso de dever e valorizam muito o trabalho e a estabilidade.

Só não são mais estáveis e conservadoras porque, na hora de gastar, agem por impulso e, muitas vezes, perdem o controle, tamanha a vontade de provar coisas diferentes. O dinheiro é o grande sonho de consumo desse grupo. Para quê? Para comprar tudo o que desejam, uma lista extensa que inclui produtos e serviços financeiros, convênios de saúde, livros, jornais e revistas.

Orgulhosas de si e dos seus, têm também uma auto-imagem mais positiva sobre a classe social a qual pertencem. Diferentemente das mulheres de outros segmentos, aspiram, com maior intensidade, à fama, tendo as pessoas famosas como seus ídolos.

- São experimentadoras, atraídas pelo novo e vaidosas.
- Valorizam intensamente a família e o papel de mãe, e são muito integradas à rede de solidariedade.
- Sentem-se temerosas, pois são impulsivas e descontroladas.
- Gostam de se vestir bem, de comprar roupas.
- Sonham em ter dinheiro para comprar tudo.
- Valorizam a harmonia, a aceitação social, a preservação e a estabilidade.
- São conservadoras religiosas e mais tradicionais.
- Buscam o equilíbrio e estão satisfeitas com suas vidas.

Eu vou conseguir

Voltadas para a carreira e o desenvolvimento profissional, elas buscam a prosperidade, a integração e a aceitação social. Têm auto-estima para dar e vender e, graças a ela, sonham mais do que as outras com um bom emprego, que permita o seu crescimento profissional, e com um negócio próprio. Ter dinheiro, casa e carro será, naturalmente, uma conseqüência do sucesso. Sim, elas acreditam que tudo virá com o tempo.

Estudar é um objetivo, pois esse é um segmento dominado pelas jovens de 18 a 24 anos, em sua maioria solteiras. É o segmento que mais gosta de ler e, de fato, o que mais lê, de tudo: jornais, revistas e livros. Reconhecem mais do que as outras o valor da leitura para seu desenvolvimento pessoal e profissional. Não por acaso, neste grupo os ícones tecnológicos estão mais presentes: computadores, internet e telefone celular.

- Voltadas para a carreira e o desenvolvimento profissional.
- Pensam em si.

- Buscam independência.
- Sonham mais com emprego e negócio próprio.
- Buscam prosperidade, integração e aceitação social.

Eu me amo

Auto-estima, prazer e vaidade. Este segmento, que representa 26% das mulheres da classe C, com a maior presença de pessoas entre 25 e 34 anos, assume sem medo o desejo de experimentar, provar e buscar o novo para atender às necessidades pessoais e de aceitação social.

Auto-indulgentes, elas não têm dificuldade em afirmar que "se amam". E para gostar ainda mais de si mesmas, investem no guarda-roupa. Gostam de se vestir bem, de se maquiar, de se enfeitar, de se perfumar. O motivo é estarem bonitas para elas mesmas, para sentir felicidade quando a boa aparência for elogiada, para sentir prazer pelo prazer.

Novidadeiras por excelência, experimentam tudo o que aparece. Buscam variedade e adoram testar marcas e produtos. Essas mulheres estão mais presentes em grandes metrópoles como São Paulo e Rio de Janeiro.

- Assumem sem medo o desejo de experimentar e de satisfazer sua vaidade.
- Gostam de se vestir bem, de comprar roupas e buscar coisas novas.
- Sensualidade e cuidado com a saúde ocupam um espaço importante.
- Sentimentos de auto-estima, prazer e aceitação pessoal.[3]

3. Pesquisa de hábitos e atitudes

Objetivo

Conhecer o mercado, o universo onde o produto atua ou poderá atuar.

A pesquisa de hábitos e atitudes é considerada básica para o estudo do comportamento do consumidor. Através dela podemos obter as informações que são necessárias para estudar o público de uma campanha e estudar o processo de planejamento publicitário. (COTRIM, 1988, p. 45)

Áreas de informação

A. **Conhecimento de marcas**
   Top of mind, espontâneo e estimulado

B. **Experiência com o produto (razões de uso)**
   Usuário / Ex-usuário / Não usuário

---

[3] Mulheres da Classe C. Segmentação. Editora Abril, São Paulo, 2003.

C. **Hábitos de uso (ocasiões e formas)**
Freqüência de uso, como usa, onde usa, quem usa, há quanto tempo usa e por quê, fidelidade de uso.

D. **Hábitos de compra**
Freqüência, quantidade, local, quem compra, quem decide, quem influencia.

E. **Atitude diante dos tipos e marcas do produto (avaliações e preferências)**
Razões da preferência pelo produto ou marca, comparações com outras marcas já utilizadas, avaliação através de notas, futura intenção de compra ➤ razões.

F. **Perfil do *heavy / medium / light user* (quantidade e fidelidade)**

G. **Fidelidade à marca**

H. **Propaganda**
Observar como a propaganda está influenciando o conhecimento da marca.

Na prática

As preferências dos consumidores mudam e com isso mudam os hábitos e as atitudes em relação a produtos e serviços. Se não estivermos antenados, perdemos mercado e consumidores.

Ao longo da nossa experiência acompanhamos grandes transformações. Uma delas ocorreu no segmento de perfumaria e higiene pessoal, especialmente com o público masculino.

Quando realizamos o estudo "Higiene Pessoal e Perfumaria, um assunto passado a limpo" (1986 – Rino Publicidade), vimos um mercado ainda tímido, mas com grandes expectativas.

Na época, logo após o Plano Cruzado, os paulistas aumentavam seus cuidados com a higiene pessoal e perfumaria, passando a gastar, sem comedimento, mais sabonete, xampu, desodorante, creme e perfume, sem a dor de consciência que essa atitude provocava na época de inflação galopante. Além de gastar mais, os paulistas adquiriram o hábito de personalizar os produtos e marcas que julgavam próprios para suas características. (Os dados foram coletados em seis discussões em grupo e vinte entrevistas em profundidade com pessoas das classes A, B e C, de ambos os sexos, com idade entre 20 e 40 anos, e amplamente divulgados pela mídia)

A maioria dos homens mostrava-se receptiva a artigos destinados a eles e ansiosa por escolher uma marca de perfume, creme, desodorante etc. A tendência de incorporar os cosméticos a seus hábitos aparecia nos depoimentos, mas, por preconceito, comodismo ou por se sentirem desprestigiados pela propaganda, não se movimentavam para a compra. Vejamos alguns depoimentos:

- "Eu não tenho o hábito de comprar, mas gosto de ficar cheiroso. Minha mulher me deu um perfume de presente e eu uso de vez em quando sem problemas." (30 a 40 anos/classe B)

- "Eu uso só sabonete e creme para barba. Mas já experimentei um creminho da minha mulher um dia que minha pele estava ressecada. Foi bom." (30 a 40 anos/classe A)

- "Quando faço uma boa higiene pessoal, sinto-me à vontade, livre, gostosão." (18 a 25 anos/classe A)

- "Na minha casa tudo foi sempre coletivo. Agora já é possível comprar cada um o seu xampu." (30 a 40 anos/classe B)[4]

Os anos passaram, os hábitos foram mudando, as empresas foram desenvolvendo produtos específicos e a comunicação se aproximando.

Uma pesquisa realizada pela 2B Brasil Marketing (2005 – 400 homens entrevistados) mostra que, o homem brasileiro utiliza 10% a 20% de sua renda em gastos com saúde e estética e que, nos últimos anos, esse mercado apresentou crescimento de 17%. O número é bastante significativo, considerando-se que vivemos em um país de valores ainda machistas e onde a vaidade é característica feminina.[5]

Segundo a pesquisa, boa parte dos homens pinta os cabelos, depila os pêlos, cuida das unhas e usa cremes para retardar o envelhecimento. E estão dispostos a todo tipo de tratamento estético, na crença de que uma boa aparência traz prosperidade para os negócios. Um em cada 59 brasileiros usa cosmético para retardar o envelhecimento; homens entre 35 e 54 anos vão ao salão de beleza tanto quanto as mulheres.[6] Os homens da classe A, entre 25 e 34 anos, consomem 17 produtos regularmente. Esses resultados foram os responsáveis pelo fechamento de mais de duzentas barbearias nos últimos dois anos e pela abertura de salões unissex e pelo lançamento de vários produtos, movimentando o setor.[7]

Portanto, pesquise. E lembre-se: os hábitos podem variar de acordo com a cultura. Analise as diferentes localidades. As mulheres mulçumanas são as maiores consumidoras de lingerie. Ao contrário do que pensamos no Ocidente, elas não são reprimidas sexualmente. Elas têm liberdade de expor sua sexualidade para o

---

[4] AZZONI, Dagoberto. Paulistano pós-Cruzado é mais cheiroso. *Folha da Tarde,* São Paulo, 20.set.1986, p. 9.

[5] OROSCO, Dolores. *Espelho, espelho meu.* São Paulo, SP, 2003. Disponível em: www.terra.com.br istoé istoé_sp dia_dos_pais_2003 reportagens espelho_espelho.htm

[6] DURÃO, Vera Saavedra. *Homens alavancam a indústria da beleza.* São Paulo, SP, 2007. Disponível em <http://www2.uol.com.br/aprendiz/n_colunas?j_beting/id14100.htm>. Acesso em 14 abr.2006.

[7] BISPO, Tainá. *Barbearias sucumbem à modernidade dos salões.* São Paulo, SP, 2007. Disponível em: <http://www.abeved.org.br/htdocs/index.php?secao=noticias&noticia_id=881>. Acesso em 14 out.2006.

marido. As mulheres árabes consomem, em média, 18 conjuntos por ano, enquanto as brasileiras consomem seis.[8]

Existem variações também entre as classes sociais. De acordo com entrevista dada pela Electrolux, os eletrodomésticos sofisticados costumam vir nas cores branca, cinza ou em aço escovado. O consumidor na faixa de renda mais reduzida, em geral, gosta de cor e as lavadoras desenvolvidas para este público têm painéis mais coloridos. Quando a Electrolux lançou a lavadora com reaproveitamento de água em dois modelos, teve de mostrar duas propostas diferentes para o mesmo produto: para o consumidor de menor renda, o atrativo para a venda do produto foi o reaproveitamento da água para lavar o quintal e a cozinha. Já o modelo mais sofisticado, com a mesma função de reaproveitamento de água, ganhou o nome de ecoturbo e teve apelo ecológico, de economia de água para benefício do meio ambiente.

Os freezers horizontais são mais vendidos no Nordeste porque muitas famílias, para reforçar a renda, colocam esse tipo de freezer em casa para vender raspadinha, gelinho e sorvete. Já no Sul, onde as temperaturas são mais elevadas no verão e muito mais baixas no inverno, os aparelhos de ar condicionado no modelo reverso, com ar quente e frio, respondem por 60% das vendas da empresa. No Sudeste, elas representam apenas 1%.

O aspirador de pó é um dos eletrodomésticos mais vendidos no Sul, segundo pesquisa da GFK. Ele tem 21% de participação nas vendas. No Nordeste, representa 7,4% do consumo. "Brasileiro só usa aspirador para carpete, ao contrário do europeu, que usa o produto para todos os tipos de piso." Quando se trata de som, quanto mais potente o aparelho, maior sucesso com o consumidor nordestino, que deseja aparelho de som maior e com som bem alto.[9]

Portanto, pesquise. Você está perdendo ou deixando de ganhar mercado porque desconhece os hábitos e as atitudes dos seus consumidores.

4. Pesquisa de imagem

Objetivo

A marca é o elemento que permite ao cliente satisfeito reencontrar o traço de seu fabricante e permanecer fiel a ele. A imagem de marca é definida pelo conjunto de opiniões do público sobre a marca e pode ser positiva, negativa ou neutra. A imagem de marca é construída por uma série de associações constituídas pelas ações

---

[8] ABBOTT, Maria Luiza. *Crescem exportações de lingerie brasileira para Oriente Médio*. São Paulo: SP, 2003. Disponível em: <http://ww1.folha.uol.com.br/folha/bbc/ult272u2603.shtml> e <http://www.omelhordamodaintima.com.br/resultado_categoria.asp?CatID=139>. Acesso em 30 out.2006

[9] DANTAS, Vera. Hábitos regionais orientam fabricantes. *O Estado de S. Paulo*, São Paulo, 05.mar.2007. Economia, p. B5.

de marketing (produto, preço, comunicação, distribuição) e experiência pessoal do consumidor com o produto. (COTRIM, 1988, p. 69)

Áreas de informação

A. **Lembrança** (*awareness*)

B. **Fidelidade à marca**
- Lealdade
- Grau de satisfação
- Grau de preferência

C. **Conscientização da marca**
- Quanto a marca é familiar
- Quanto é conhecida
- Quanto é percebida

D. **Qualidade percebida**
- Razão de compra
- Diferenciais da concorrência
- Preço
- Distribuição
- Embalagem

E. **Associações com a marca**
- Sensações
- Sentimentos positivos (alegria, juventude, *status*)

Pesquisa lingerie

O Instituto Qualibest realizou uma pesquisa com 2.839 mulheres sobre lingerie para avaliar quais as marcas que mais freqüentam os guarda-roupas no Brasil e quais atributos são mais levados em consideração no uso e na compra de lingerie (agosto/2007).

A pesquisa revelou que a De Millus é *top of mind*, sendo a primeira a ser lembrada por 33% das entrevistadas, seguida pelas marcas Du Loren, com 23%, Valisère (11%), Hope (4%), Victoria Secret e Liz (3% cada).

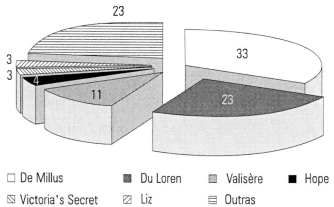

Gráfico 3.2 *Top of mind* de marcas de lingerie. Fonte: Qualibest (2007).

Tanto De Millus quanto Du Loren estão mais associadas às mulheres casadas, com idade acima de 30 anos. De Millus é uma das marcas usadas por 42% das mulheres em geral, enquanto Du Loren está presente em 27% dos armários. Ambas estão relacionadas à facilidade de serem encontradas em todos os lugares. São "democráticas", estão bem presentes em todas as classes econômicas. Já Valisère é mais presente entre o público feminino da classe A.

Liz é uma marca menos presente entre as consumidoras, apenas 14% no geral declaram usá-la. No entanto, é tida como a que proporciona mais conforto e não marca a roupa. Tanto Liz quanto Hope e Plié são marcas mais próximas das mulheres solteiras, que moram sozinhas e têm potencial econômico mais elevado e são vistas como marcas inovadoras.

Valisère é a marca associada à sensualidade e às ocasiões especiais e intimistas; 22% das mulheres declaram usar a marca, sendo a proporção mais alta entre as mulheres que moram sozinhas — 28%.

Para analisar os dados, foram criados alguns segmentos de acordo com o perfil das mulheres entrevistadas. Na amostra, 9% foram definidas como sensuais, 23% como antenadas, 8% como aquelas que prezam o conforto, 33% como práticas e 28% como deslocadas, ou seja, que não costumam usar nenhuma marca de lingerie entre as principais do mercado.

Entre as pesquisadas definidas como sensuais, antenadas e práticas, a De Millus é a marca preferida devido à variedade e facilidade de ser encontrada. No caso das que prezam o conforto, a De Millus também se sobressai, mas, dessa vez, ela aparece junto com a Liz, que ganhou a preferência por vestir bem no dia-a-dia e ser muito confortável. A pesquisa apontou que as mulheres deslocadas, embora não sejam ligadas às principais marcas do mercado, também preferem a De Millus por vestir bem e agradar quem elas desejam agradar.

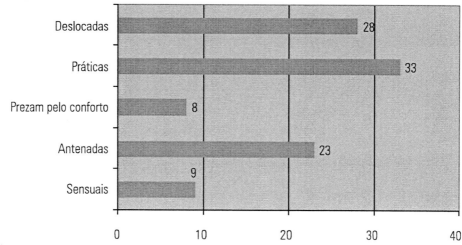
Gráfico 3.3 Imagem de marcas de lingerie. Fonte: Qualibest (2007).

No geral, para 44% das entrevistadas, o local de compra preferido é a loja de departamento; 36% preferem as lojas especializadas em shopping e centros comerciais. Vale destacar que shopping center é o local de compra preferido por 25% da classe A, enquanto o público da classe C prefere comprar com uma revendedora (16%).

Amostra: foram realizadas 2.840 entrevistas com mulheres em todo o Brasil, a partir da base de dados de pessoas cadastradas no site do QualiBest[10].

5. Teste de produto

Objetivo

Os testes de produto têm o objetivo exclusivo de avaliar a performance do(s) produto(s) após o uso efetivo por parte dos consumidores. Quando outros objetivos forem propostos ao projeto, o teste receberá outra classificação (teste de conceito / uso etc.).

Áreas de informação

A. Reações espontâneas dos consumidores.

B. Marca / tipo do produto consumido.

C. Avaliação dos aspectos organolépticos.

D. Aspectos positivos e negativos.

---

[10] QUALIBEST, em <http://www.qualibest.com.br>. Acesso em 24.nov.2007.

E. Aspectos diferenciadores.

F. Ocasiões adequadas ao consumo.

G. Predisposição à compra.

Classificação

A. **Quanto ao número de produtos testados.**
- Monádico ➤ os consumidores utilizam e avaliam um só produto.
- Pareado ➤ os consumidores utilizam e avaliam dois ou mais produtos.

B. **Quanto à forma de apresentação dos produtos testados.**
- "Blind" ou cego ➤ sem identificação do nome / fabricante do produto.
- Identificado ➤ com identificação do nome / fabricante do produto.

C. **Quanto ao tamanho da amostra (depende do tipo de análise / perfil do público / finalidade de uso do produto).**
- Piloto ➤ constituída por uma amostra homogênea de consumidores.
- "Full scale" ➤ constituída por uma amostra heterogênea de consumidores em que será necessária uma segmentação deste perfil.

D. **Quanto à duração de tempo de uso do(s) produto(s) testado(s).**
- Curto período ➤ o tempo entre a utilização e a avaliação é o mais rápido possível (instantâneo).
- Longo período ➤ o tempo entre a utilização e a avaliação é o mais adequado possível.

Mercados – Teste

Avaliar o produto em condições reais de venda, em área restrita e representativa do universo nacional, durante um período pré-estabelecido, para avaliar o potencial de venda do produto. (SAMARA, 2002, p. 183-185)

1. **Quantas cidades devem ser testadas?**

A maioria dos testes utiliza entre duas e seis cidades. As diferenças regionais são importantes e devem ser consideradas cuidadosamente.

2. **Quais cidades?**

Nenhuma cidade constitui uma amostra ideal do país. Algumas cidades, contudo, agregam de forma típica características nacionais ou regionais de maneira mais enfática e clara do que outras. Cada empresa tem um critério próprio para a seleção de cidades-teste. Considerando características como: indústria diversificada, uma boa cobertura de mídia, redes de lojas, atividade competitiva e que não tenham sido muito utilizadas.

3. Duração do teste

Os testes podem durar de poucos meses a um ano. Quanto maior for o período de recompra do produto, maior será o período de teste necessário para a observação das taxas de repetição de compras. Por outro lado, o período de teste deve ser reduzido se os concorrentes estiverem querendo entrar no mercado.

4. Quais informações obter?

A empresa deve decidir sobre o tipo de informação a ser levantada considerando a relação a seu custo-benefício. *Store Audits* feitos nas lojas podem demonstrar as vendas no varejo, bem como as participações de mercado dos concorrentes, mas não revelam as características dos compradores. Os painéis de consumidor indicam que tipos de consumidor estão comprando determinadas marcas, bem como as taxas de lealdade desses consumidores com relação às marcas. Os levantamentos de consumidores fornecem informação mais profunda a respeito das atitudes e do comportamento do consumidor, do uso do produto e de sua satisfação.

Na prática

Em nossa experiência já testamos vários produtos. Alguns tiveram de ser trabalhados pelas empresas: canetas esferográficas que não apresentavam escrita uniforme, falhavam e estouravam com facilidade; iogurtes que não apresentavam consistência que agradava o consumidor; adoçantes que deixavam residual amargo na boca.

Outros produtos correspondiam plenamente às expectativas do consumidor, mas por uma questão de imagem de marca não gozavam da sua preferência.

A pesquisa mais interessante que realizamos foi em relação ao produto leite condensado. Tal estudo consistiu em verificar se a preferência por determinada marca era uma questão de imagem ou produto. A pesquisa foi realizada na cidade de São Paulo da seguinte maneira: foi deixada uma embalagem de leite condensado (sem identificação de marca) em cem residências, sem ônus aos participantes. De posse dessa embalagem, a pessoa se comprometia a realizar uma degustação do produto com a família e a emitir sua opinião posteriormente através de contato telefônico.

Os resultados podem ser resumidos da seguinte maneira:

Tabela 3.2 Experiência com leite condensado

100% dos entrevistados consumiram o produto deixado em seus lares	
88% consumiam a marca líder	12% consumiam outras marcas
88% preferem a marca A, 10% B e 2% C	

Fonte: Arquivo pessoal.

Apesar de 80% declararem preferir e consumir a marca líder, as reações diante do produto testado foram extremamente positivas. A maioria gostou e demonstrou desejo de compra. É ainda significativo o número de 43% dos entrevistados que consideram a marca testada igual à de sua preferência.

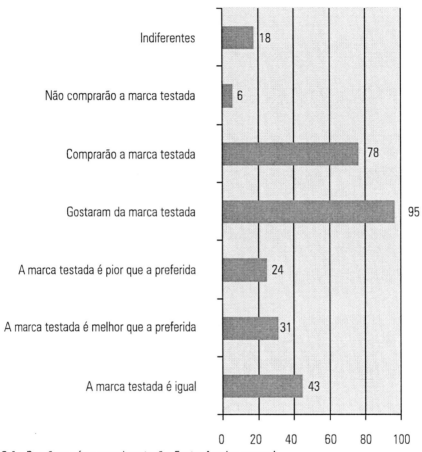

Gráfico 3.4   Reações após a experimentação. Fonte: Arquivo pessoal.

O produto em teste obteve 80% de conceito ótimo nos quesitos: sabor, cor, adoçamento e consistência. Esses resultados indicam que não existe problema com o produto (atributos físicos), e sim que o principal empecilho para o aumento do mercado é a concorrência direta e indireta.

6. Vendas e distribuição

Objetivos

Avaliar a penetração do produto, seu desempenho geral, distribuição, eficácia de promoção e sensibilidade ao preço.

Áreas de informação

- vendas e participações;
- distribuição numérica e ponderada;
- dados de estoque, incluindo esgotamentos;
- preços;
- merchandising dentro da loja;
- rotatividade do produto (abastecimento).

Na área de vendas e distribuição, as pesquisas mais comuns são os painéis realizados pelos Institutos Nielsen e Ibope.

A Nielsen audita, regularmente, cerca de 160 categorias de produtos de consumo em todo o Brasil. Esses dados são compilados e geram informações estratégicas e táticas para a indústria e para o varejo.

Os pesquisadores percorrem vários locais, como supermercados, lojas tradicionais, bares, padarias, lanchonetes, hotéis, casas noturnas, drogarias, entre outros. Isso é o que chamamos de Canais Nielsen. Essa auditoria é realizada em todo o território brasileiro e, por isso, foi criada uma divisão chamada de Áreas Nielsen.

Divisão de canais

Para gerar suas informações, a Nielsen considera em seu universo as seguintes lojas:

Lojas tradicionais: são lojas onde o atendimento é feito por um vendedor ou balconista. São conhecidas como mercearias, padarias, empórios e outros.

Auto-serviço: são lojas onde o consumidor escolhe os produtos sem a intermediação de um vendedor ou balconista. Têm como características fundamentais o *check-out*, carrinhos ou cestas à disposição.

Cadeias: são cadeias que possuam cinco ou mais lojas com a mesma razão social.

Independentes: são farmácias e perfumarias independentes.

Bares: as seguintes lojas são consideradas pela Nielsen: adegas, bares, bar e café, bar e lanches, bar e restaurante, boteco, botequim, lancheria, lanchonete e snacke bar.

Ponto de dose: são bares, lojas tradicionais, hotéis, restaurantes e casas noturnas com consumo local.

Na prática

O segmento de sucos movimenta 192 milhões de litros e 630 milhões de reais por ano. Esse segmento começou a ser notado com mais ênfase a partir da chegada da Del Valle ao país, em 1997. Antes disso, destacava-se o consumo de sucos concentrados e em pó. Entre 2001 e 2005, o mercado de sucos prontos cresceu 207,43% no Brasil.[11]

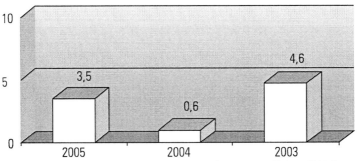

Gráfico 3.5 Variação de volume % (vs. ano anterior) de suco de fruta. Fonte: Nielsen (2005).

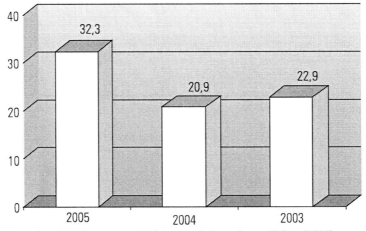

Gráfico 3.6 Variação de calor % (vs. ano anterior) de suco de fruta. Fonte: Nielsen (2005).

Em 1997, eram apenas três empresas no segmento e atualmente são aproximadamente 180. O consumo anual era ao redor de 0,2 litro por pessoa. Em 2005, o consumo foi de aproximadamente 1,1 litro para cada habitante brasileiro. O número

---

[11] FRUTICOM, em <http://www.fruticom.com.br>. Acesso em 11.fev.2008.

ainda é baixo, em relação aos 9 litros *per capita* do México ou dos 44 litros dos Estados Unidos, mas vem crescendo ano a ano.

Os sucos prontos têm um potencial de mercado enorme para ser explorado, uma vez que a penetração nos lares atinge 21%, enquanto a de refrigerantes alcança 96%.[12]

A Del Valle responde por 25,5% desse mercado. A Sucos Mais, em dois anos de operações, captou 14% dos bebedores de suco no país. Está crescendo em todos os canais de distribuição, até em bares, restaurantes e lanchonetes que não são canais de venda tradicionais de suco cresceu 5,5%, chegando a 15,1%. A Kraft tem 3,6% de participação.

Empresas estreantes contam com atacadistas e redes médias para conseguir disputar esse mercado, como é o caso de Camp, com Camp Néctar. O objetivo dos fabricantes é investir pesado em marketing no ponto-de-venda e reforçar a distribuição.[13]

---

[12] AC Nielsen, em <http://www.nielsen.com.br>. Acesso em 15.abr.2006.
[13] CAPELA, Maurício. Del Valle contra todos. São Paulo, SP, 2004. Disponível em: <http://www.terra.. com.br/istoedinehiro/356/negocios/delvalle_contra.htm>. Acesso em 11 fev.2008.

Capítulo

4 A Pesquisa no Processo de Comunicação Publicitária

A comunicação diz respeito à divulgação, seja evidenciando os benefícios do produto, seja destacando a marca, seja informando uma promoção. Pode ainda combater a concorrência, informar o fabricante, incentivar o consumidor a provar determinado produto a trocar o produto que habitualmente usa por aquele ora anunciado. Os objetivos de comunicação dependem do que a empresa quer comunicar e levam em consideração os objetivos de marketing e, conseqüentemente, os objetivos organizacionais da empresa. Além disso, o publicitário deve ter em mente os diferenciais do produto, o posicionamento que ele ocupa na mente das pessoas e os pontos a serem evidenciados.

O papel da pesquisa é ajudar o planejamento e a criação na busca da melhor maneira de utilizar as variáveis da comunicação, fornecendo informações e respostas às indagações.

Quadro 4.1 Fluxograma da pesquisa no processo de comunicação.

Agência	Fluxograma	Pesquisa
1. A agência recebe do cliente um *briefing* sobre o produto, o mercado, a concorrência e o consumidor, e as analisa.	*Briefing* sobre produto, mercado e consumidor	
	Pesquisa Motivacional	2. Levanta motivações e atitudes com relação ao produto/serviço.
3. A criação elabora, com base na pesquisa, 1 ou 2 conceitos básicos.	Criação de conceito(s)	
	Teste de conceito	4. Testa qual o melhor conceito.
5. A criação elabora as peças da campanha visando transmitir a idéia básica escolhida.	Criação da campanha	
	Pré-teste	6. Testa as peças, procurando saber se transmitem exatamente o que se pretendia.
7. Veiculação da campanha	Veiculação	
	Recall ou pós-teste	8. Verifica o impacto após a veiculação.

1. Pesquisa motivacional

Objetivo

Quando analisamos um produto, vemos automaticamente a contribuição que esse produto pode trazer para a vida do consumidor.

Para se estabelecer e ser armazenada na memória de maneira duradoura, a comunicação deve TER RELEVÂNCIA para provocar o aprendizado (memória) e tocar o NÚCLEO EMOCIONAL de maneira adequada para o consumidor sentir o BENEFÍCIO DO PRODUTO.

Para que possamos tocar o núcleo emocional do consumidor é que desenvolvemos a pesquisa motivacional, a fim de descobrirmos os motivos e desejos que estão por trás do consumo de determinado produto. (CHISNALL, 1980, p. 274).

Considerando o caso de uma academia de ginástica, poderíamos relacionar várias motivações:

- necessidade de exercício físico (saúde/amor-próprio);
- uma forma de socializar (aceitação/associação);
- necessidade de ser o mais bonito/atraente (*status*/sedução);
- participar de campeonatos (competição).

Agora nós estamos diante de vários enfoques de posicionamento e precisamos decidir qual o melhor, o mais adequado.

Áreas de informação

- Visão do produto
- Sentimentos que o produto desperta
- Significado de consumir o produto
- Grau de envolvimento com o produto
- Pontos positivos e negativos
- Motivações e restrições
- Frustrações, perspectivas e sonhos
- Estilo de vida do consumidor

Na prática

A marca francesa Veet, líder mundial em produtos depilatórios, realizou uma pesquisa qualitativa para conhecer a fundo as consumidoras brasileiras, o seu comportamento em relação aos pêlos do corpo e os seus hábitos de depilação.

Um destaque nessa pesquisa foi que os únicos pêlos que as entrevistadas valorizam em seu corpo são os cabelos, as sobrancelhas e os cílios, por serem considerados molduras do rosto. Qualquer outro pêlo deve ser removido a todo custo, pois remetem à falta de higiene.

Para elas, a importância da remoção dos pêlos indesejáveis (axila, buço, pernas, virilha) tem forte apelo emocional e está relacionada aos valores de aceitação social, respeito por si mesma, auto-estima, higiene e liberdade.

Os métodos de depilação e a freqüência na remoção dos pêlos variam de acordo com as partes do corpo a serem depiladas.

Axila — o conteúdo emocional dos pêlos desta região é suportado pelo lado racional. Axila com pêlos e suor é sinônimo de mau cheiro. Esconder uma axila não depilada impõe desconforto e limita os movimentos e conseqüentemente a liberdade de expressão. Nesta parte do corpo, os valores relacionados são: aceitação social, respeito por si mesma e liberdade.

Os benefícios esperados após a depilação das axilas são: pele lisa ao toque (sem pêlos) e, para as pessoas de pele clara, nenhum sintoma de agressão nesta área e sem pêlos aparentes.

Buço — o valor percebido em sua remoção é a aceitação social, pois é uma área de grande visibilidade (maior que a da axila). Na concepção das entrevistadas, além da remoção do buço, é preciso aparentar que ele jamais existiu. Nesta área não deve haver nenhuma marca de remoção dos pêlos.

Os cremes depilatórios são os mais utilizados pelas mulheres que se depilam em casa e a cera quente é a preferida no salão de beleza. Um fato de destaque é que as entrevistadas afirmaram que nunca utilizaram lâminas nesta área, pois os pêlos crescem mais grossos e fortes.

Pernas — são vistas como a parte fundamental do jogo sexual e cruciais para o exercício da feminilidade no uso de saias e de vestidos. Os valores atendidos na remoção de pêlos desta região são auto-estima e reconhecimento de terceiros (aceitação e destaque no grupo social). Os benefícios esperados após a depilação são a pele lisa e macia ao toque por mais tempo e, para as pessoas de pele clara, a certeza de que não haverá mais pêlos escuros. As entrevistadas admitem utilizar qualquer método de depilação nas pernas. A preferência é por cera quente ou fria no salão, pois a freqüência desse procedimento é bem menor — mensal ou a cada 20 dias.

Virilha — devido às mudanças na confecção de roupas íntimas ou moda praia, a remoção dos pêlos desta região tem um grande apelo racional. Isso se deve às cavas acentuadas nas lingeries. Os valores percebidos na remoção dos pêlos da virilha são a aceitação social e a auto-estima.

Dois processos foram apontados como os preferidos pelas entrevistadas na remoção dos pêlos desta área. Para as que realizam depilação em casa, os cremes depilatórios foram eleitos como os que mais apresentam vantagens entre todos os métodos existentes, pois não cortam e não irritam a pele. Para aquelas que vão aos salões de beleza, a cera quente foi eleita como a melhor opção.

A partir desses resultados, a Veet investiu em 2004 um milhão de reais em pesquisa e desenvolvimento de produto.

A Veet desenvolveu uma linha de produtos que, além de remover os pêlos, proporciona um verdadeiro cuidado com a pele. Foi testada e aprovada, quanto à segurança, pelo Centro Dermatológico Allergiza e, quanto à eficácia e aceitabilidade, pelo Laboratório Perception. Esses institutos são credenciados pela Anvisa (Agência Nacional de Vigilância Sanitária) e atuam há mais de dez anos em países da Europa, América e Ásia.

Figura 4.1 Embalagem de Veet.

Figura 4.2 Embalagem de Veet.

O creme depilatório na versão pele sensível com leite de amêndoa e extratos suavizantes de seda, apresenta textura que facilita a aplicação e a remoção do produto, que pode ser usado em situações emergenciais, quando não há tempo para se programar uma depilação. Visando combater as lâminas que concorrem com o produto e têm como característica cortar na diagonal e promover um crescimento pontiagudo e um pêlo mais duro, o produto Veet dissolve o pêlo, deixando suas pontas arredondadas, o que proporciona um crescimento mais suave e demorado (até quatro dias) em comparação com a lâmina (dois dias). Age em cinco minutos, hidrata a pele, sem necessidade de aplicação de outros cremes.

O Veet Folhas de Cera Fria remove pelos curtos de qualquer região (mínimo de 2 mm), proporcionando resultados que duram até três semanas.

As campanhas de comunicação são totalmente interativas, com concursos para mulheres atuarem nos comerciais, além de ações durante o verão, nas praias, possibilitando a experimentação do produto.[1]

2. Teste de conceito de comunicação

Objetivo

A marca deve ter um conceito exclusivo na mente do consumidor, considerando-se que ele vive em um ambiente competitivo.

Conceito é o posicionamento da marca, a forma pela qual vai criar identificação com o consumidor. Temos de criar para nossa marca um significado definitivo, exclusivo. Precisamos ter uma vantagem competitiva.

Com base no estilo de vida do consumidor, na pesquisa motivacional, na análise do posicionamento da comunicação da concorrência, o pessoal do planejamento da criação elaborará alguns conceitos (alternativas) e a pesquisa testará os benefícios criados para saber qual o mais relevante, que tem maior poder de fixação, que mexe com as emoções, levando o consumidor a sentir os benefícios do produto. (COTRIM, 1988, p. 75)

Áreas de informação

Reações espontâneas

- Atitudes
- Expectativas
- Motivação
- Percepção

---

[1]   PESQUISA Veet traça o comportamento das mulheres brasileiras em relação aos pêlos de seu corpo. Disponível em:<http://www.reckittebanckiser.com.br>. Acesso em 15 mai. 2007.

Pontos específicos

- Entendimento
- Empatia
- Credibilidade

Relevância ➤ *necessidade conceitual*

- Existe uma busca pelo posicionamento apresentado?
- Que contribuição traz para a vida do consumidor?

Na prática

De acordo com o censo do IBGE de 2000, as crianças de cinco a nove anos representam 9,74% da população brasileira, o equivalente a 16.541 milhões. Com poder de compra e decisão, elas têm gerado grandes oportunidades de mercado para diferentes empresas.

O desafio da agência de propaganda Fala era transformar o papel Chamequinho — categoria 100 folhas — em uma dessas oportunidades, tendo como cenário de trabalho o momento mais quente da categoria, o período de "volta às aulas".

A partir da pesquisa motivacional, ficou claro o grande sentimento de ansiedade em relação ao primeiro dia de aula e ao reencontro com os amigos. A necessidade de interação social era evidente.

Interagir com o grupo e trocar sentimentos aparecem como motivações importantes para o uso de determinados produtos e marcas de mochilas, lancheiras, estojos, lápis, canetinhas e cadernos que, com suas diferentes formas, cores, tamanhos e alusões a personagens, conseguem entrar no universo de sonhos e fantasias.

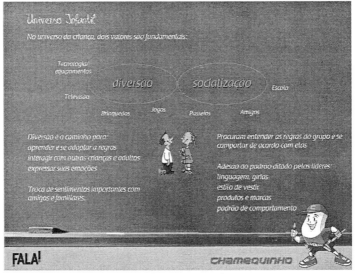

Figura 4.3 Valores do universo infantil. Fonte: Agência Fala (2007).

Mas no caso do papel — categoria 100 folhas — isso não acontecia. A percepção da criança é de que todo papel é igual. Não existe motivação para o consumo do produto e da marca, pois não há identidade.

Com base nesse resultado, a agência desenvolveu uma estratégia de comunicação para se criar um relacionamento com a marca Chamequinho. E realizou uma ação promocional de "volta às aulas" com a criação de um bloquinho que poderia ser adquirido com a compra do "papel 100 folhas". O conceito de comunicação proposto foi:

"Bloquinho, o Blog do Papel Chamequinho".

Figura 4.4 Bloquinho. Fonte: Agência Fala (2007).

A idéia foi reformular o antigo diário de papel sem fugir do conceito de modernidade da internet e ainda possibilitar a inclusão social para crianças que ainda não possuem acesso à rede. O blog da internet ganhou uma nova versão. Teve seu visual renovado com espaços para fotos, depoimentos, histórias, recados e brincadeiras. Esse conceito foi avaliado e considerado adequado para:

- As crianças, oferecia a possibilidade de interação social;
- Os pais, ia ao encontro da necessidade de privacidade que tanto os preocupa em relação à internet;
- Os professores, foi percebido como uma ferramenta de uso pedagógico que poderia dar suporte às aulas.

A agência criou os seguintes anúncios e veiculou em TV aberta, TV por assinatura, internet, revistas e eventos.

Figura 4.5 Anúncio publicitário – Bloquinho. Fonte: Agência Fala (2007)

Figura 4.6 Anúncio publicitário – Papel Chamequinho. Fonte: Agência Fala (2007)

Os resultados foram extremamente positivos:

- Troca de 300 mil bloquinhos em bancas e pontos de vendas;
- Acréscimo de 20% nas vendas sobre o ano anterior, sendo que a categoria cresceu somente 2,5% no período.

3. Pré-teste de propaganda

Objetivos

Após o conceito definido, as peças de comunicação são criadas e submetidas novamente à análise do consumidor, com o intuito de saber se transmitem exatamente o que se pretendia transmitir. Deve haver harmonia entre informação, credibilidade, empatia e entretenimento.

Os pré-testes são usados para eliminar dúvidas sobre a criação de um comercial e verificar se ele estabelece os requisitos definidos pelo planejamento. São feitos em estágio de pré-produção por meio de *storyboards*.

A mensagem contida em um comercial pode sofrer bloqueios de comunicação, interrompendo o fluxo da mensagem, impedindo sua correta decodificação e levando a uma interpretação distorcida. O comercial, nesse caso, mostra-se ineficiente.

Os bloqueios que aparecem no processo de comunicação são vários, dos mais evidentes aos mais sutis: um modelo mal escolhido, uma música ou um "clima" que traga recordações não satisfatórias, uma marca que trouxe problemas anteriores para o consumidor. (COTRIM, 1988, P. 79)

Áreas de informação

1. Informação

- Compreensão da mensagem
- Relevância

2. Credibilidade

- Honestidade
- Comunicação clara e direta

3. Empatia

- Grau de envolvimento

50 • PESQUISA DE MARKETING

Na prática

O exemplo a seguir é de um pré-teste de comercial de café em pó.

A partir da análise das questões abertas verifica-se que o comercial pré-testado atende às expectativas, havendo total harmonia entre as áreas de informação, credibilidade e empatia, sem a necessidade de qualquer alteração. A mensagem é claramente percebida. As informações são consideradas relevantes e vão ao encontro das necessidades do consumidor.

Tabela 4.1 Grau de informação do comercial de café em pó.

Informação	Filme pré-testado
1. É um café puro / não misturado.	85%
2. É um café saboroso.	72%
3. É uma marca tradicional.	41%
4. É uma marca de confiança.	40%
5. É uma marca de qualidade.	20%
6. É a marca preferida do consumidor.	20%

O comercial transmite uma mensagem que gera credibilidade. É considerado simples, claro e direto.

Tabela 4.2 Grau de credibilidade do comercial de café em pó.

Credibilidade	Filme pré-testado
1. Eu acredito no que o comercial está falando.	92%
2. Muitos fabricantes vendem café misturado, mas essa marca não.	77%
3. Preciso experimentar essa marca para saber se estão falando a verdade.	12%

O comercial destaca-se pela empatia que desperta no consumidor. Transmite emoção e leva o consumidor a identificar-se com a situação apresentada.

Tabela 4.3 Grau de empatia do comercial de café em pó.

Empatia	Filme pré-testado
1. Gostei da cena da fazenda, mostra a pureza do café.	45%
2. As crianças, no final, realçam a mensagem de pureza e confiança.	43%
3. Criança em comercial é sempre cativante.	37%

Fonte: Gênesis Consultoria de Pesquisa.

4. Pesquisa de *recall* ou pós-teste

Objetivos

Após o pré-teste, a propaganda é produzida e colocada na mídia: televisão, rádio, revista, jornal etc.

O *recall* está ligado à intensidade de memorização das pessoas. É a lembrança de véspera, isto é, a recordação da propaganda, vista ou ouvida no dia anterior. É uma técnica padrão que mostra em que grau a mensagem da propaganda consegue produzir lembrança na mente do consumidor. A razão do seu uso parte do princípio de que a lembrança da propaganda é condição necessária para eventuais mudanças de atitude e comportamento por parte do receptor.

A pesquisa de *recall* permite que a empresa acompanhe quase que imediatamente o impacto obtido pelos seus esforços de comunicação. Chamamos de impacto a capacidade de um comercial se destacar dos outros no momento da exibição e ativar os mecanismos sensoriais do público-alvo, permitindo sua percepção e memorização (COTRIM, 1988, p.129).

Quadro 4.2 Informação de pesquisa de recall ou pós-teste.

Áreas de informação	
Lembrança declarada	• espontânea • estimulada por categoria de produto • estimulada por tipo de produto
Lembrança comprovada	• descrição de áudio e vídeo • entendimento da mensagem • credibilidade • empatia

Na prática

Mensalmente, o instituto Datafolha realiza com exclusividade para o jornal *Meio & Mensagem* uma pesquisa de *recall* de propaganda avaliando as propagandas mais lembradas (lembrança declarada) e as propagandas preferidas (empatia). No mês de março de 2007, as propagandas de maior destaque foram as de eletrodomésticos, refrigerantes, cervejas e alimentos.[2]

---

[2] Ofertas pós-carnaval. *Meio & Mensagem*. São Paulo, ano XXV, abr.2007, p. 46-47.

Ranking das 10 primeiras* marcas (espontânea e múltipla em %)

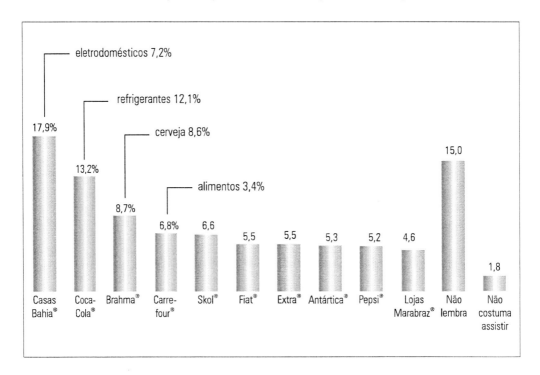

(*) O *ranking* segue o critério de incluir as dez primeiras marcas. Neste *ranking*, há alguns empates técnicos.
Pergunta feita: Quais marcas você lembra de ter visto em propagandas na TV no último mês. Quais outras?

Gráfico 4.1 Ranking de lembrança de propaganda. Fonte: Datafolha (2007).

A PESQUISA NO PROCESSO DE COMUNICAÇÃO PUBLICITÁRIA • 53

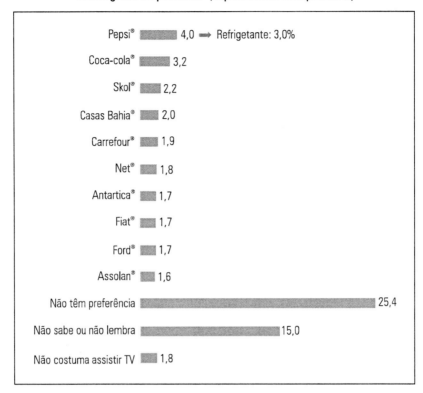

(*) O *ranking* segue o critério de incluir as dez primeiras marcas. Neste *ranking* há alguns empates técnicos.
Pergunta feita: E qual propaganda você mais gostou de assistir na TV no último mês?

Figura 4.10 Ranking de propagandas preferidas. Fonte: Datafolha (2007).

Capítulo

5 Planejamento da Pesquisa de Marketing

O planejamento é a primeira fase da pesquisa

O planejamento está para o pesquisador assim como a planta de uma casa está para o arquiteto. O arquiteto não inicia a construção sem uma planta, mas freqüentemente vemos profissionais iniciarem a pesquisa pelo questionário. Quando isso ocorre, o resultado é sempre um fracasso.

Para obter sucesso em uma pesquisa, torna-se necessário a elaboração de um projeto. O projeto é o elemento explicitador das ações a serem desenvolvidas. Deve, portanto, especificar os objetivos da pesquisa, apresentar a justificativa de sua realização, definir a modalidade da pesquisa e determinar os procedimentos de coleta e análise de dados. Deve ainda esclarecer o cronograma e os recursos humanos, financeiros e materiais necessários para assegurar o êxito da pesquisa.

GIL (1991, p. 22-30) considera que o projeto interessa ao pesquisador e a sua equipe, já que representa o roteiro de ações a serem desenvolvidas ao longo da pesquisa. Para quem contrata os serviços de pesquisa, o projeto constitui documento fundamental, posto que esclarece o que será pesquisado e apresenta as estimativas de custo.

Etapas de um projeto de pesquisa

A. Definição do problema

B. Construção de hipóteses

C. Determinação dos objetivos

D. Definição da metodologia
- Modelo de pesquisa
- Método de abordagem
- Método de coleta de dados

E. Seleção da amostra

- Tipo
- Tamanho

F. Cronograma

G. Definição dos recursos humanos, materiais e financeiros a serem alocados.

A. Definição do problema

Toda pesquisa se inicia com algum tipo de problema ou indagação. Definir o problema em pesquisa de marketing significa delimitar o objeto em estudo.

O problema direcionará todas as outras ações subjacentes. É em função dele que as hipóteses serão levantadas. É em função das hipóteses que serão determinados a metodologia, a amostra e, conseqüentemente, o cronograma e os custos. Para que a pesquisa se desenvolva com sucesso, é necessário que o problema seja previamente definido. Muitas vezes, as pesquisas não ajudam em nada e, o que é pior, podem levar ao fracasso, pois a pergunta não foi formulada corretamente. Fazer a pergunta certa é o ponto de partida para um resultado satisfatório.

"PARA SABER AONDE VOU, É PRECISO SABER ONDE ESTOU."

ONDE ESTOU?

É preciso descrever com clareza a situação do produto ou marca, incluindo todos os dados que estiverem disponíveis: mercado, concorrência, distribuição, comunicação etc.

Este sumário deve ser elaborado com base em:

- depoimentos de clientes;
- dados secundários (revistas, jornais, associações etc.);
- conversas informais com "especialistas" no assunto: pessoas que trabalham ou já trabalharam na área, vendedores, representantes.

PARA ONDE VOU?

É o processo em que se define clara e precisamente *como* e *quais* dados da pesquisa serão utilizados para se chegar a uma decisão de marketing.

Direciona o homem de marketing a refletir sobre os possíveis resultados da pesquisa e as decisões a serem tomadas para cada um deles. Ele pode descobrir que o problema é um pouco diferente do que pensava no início ou que todos os prováveis resultados levarão à mesma decisão e que não há nenhuma necessidade de se fazer a pesquisa.

a. **O problema deve ser formulado como pergunta.**

DROGAS?

- Que fatores estão provocando o aumento das drogas no Brasil?
- Quais as características da pessoa que está deixando de usar drogas?
- Até que ponto a propaganda está indo ao encontro do perfil deste consumidor?

b. **O problema deve ser bem definido.**

A VENDA POR TELEFONE É EFICIENTE?

- Depende de como se define eficiência, para que público e qual é o produto.
- A venda de pratos congelados por telefone está atingindo pelo menos 30% das clientes, donas de casa que trabalham fora, da loja Komidas?

c. **O problema deve ser limitado a uma dimensão viável.**

EM QUE PENSAM OS ESTUDANTES UNIVERSITÁRIOS?

- Delimitar a população dos estudantes universitários (faixa etária, curso, série, região) e assunto (religião, sexo).
- O que pensam os alunos da UAM, do 1º ano de PP, sobre religião?

Definir o problema é uma tarefa complexa, demorada e crítica. Entretanto, o esforço será bem empregado se o problema for definido com precisão. Se for mal definido, pode trazer conseqüências indesejáveis: perda de tempo e dinheiro, informação gerada não relevante, pesquisa desnecessária. (GIL, 1991, p. 29-30)

▼ Case 1

Problema de marketing

Segundo pesquisa encomendada pela Calvin Klein, o Brasil é hoje o segundo maior mercado consumidor de jeans *premium* do mundo, atrás apenas dos Estados Unidos.

São Paulo tem contribuído de maneira significativa para este crescimento. Em novembro de 2001, a marca Diesel chegou aos Jardins com um custo entre 800 e 2 mil reais, vendendo no dia da inauguração mais de 200 mil reais. A unidade do Shopping Iguatemi, na Zona Oeste, destaca-se, entre as 220 filiais da marca em 98 países, como a que mais vende por metro quadrado — quatro vezes mais que a segunda colocada em Nova York.

Outras marcas também entraram no mercado brasileiro obtendo grande sucesso: Miss Sixty, Replay, Seven e Fornarina e grifes nacionais como Ellus e Zoomp não demoraram a seguir essa tendência.[1] De olho nesse mercado, uma pequena empresária da cidade de Atibaia, interior de São Paulo, deseja abrir uma loja multimarca, com grifes internacionais, cujo produto principal será o jeans *premium*. O potencial de Atibaia é enorme. Atibaia está localizada a 65 quilômetros da capital de São Paulo, no cruzamento de duas rodovias duplicadas: a rodovia Fernão Dias (que liga São Paulo a Belo Horizonte) e a rodovia D. Pedro I (que liga Campinas a Jacareí). Fica a 65 quilômetros de Campinas e a oitenta quilômetros de São José dos Campos. Está no centro do maior pólo consumidor do País. Localizada a 65 quilômetros do Aeroporto Internacional de Guarulhos e a cem quilômetros do Aeroporto Internacional de Viracopos. Possui um aeroporto local, "Olavo Amorim Silveira".

Segundo dados do último censo realizado pelo Instituto Brasileiro de Geografia e Estatística (IBGE), de 1996, Atibaia possui uma população de mais de 121 mil habitantes, dos quais 30 mil são flutuantes, mas com residência própria no município, casas de campo e veraneio. A cidade apresenta facilidade e comodidade de transporte, rede hoteleira em ascensão, boa estrutura de atendimento à saúde e aproximadamente quarenta restaurantes que servem comida caseira, típica e internacional.

O comércio local está mais focado nas classes B e C e apresenta aproximadamente cinco lojas de moda jovem concentradas no público-alvo da classe A. Essas lojas são de porte pequeno, embora possuam grifes de jeans internacionais. As opções de modelo, tamanho, preço e marca são mínimas. O comércio força o público a se dirigir ao shopping em Campinas ou São Paulo.[2]

Problema: Os jovens de Atibaia têm necessidades, desejos e comportamentos semelhantes aos dos paulistanos que comportem a abertura de uma loja com grifes internacionais?

Com essas informações, o cliente abrirá ou não a loja.

---

[1] BRANCATELLI, Rodrigo; DEODATO, Lívia. Brasil é o segundo em vendas de jeans de luxo. *O Estado de S. Paulo*, São Paulo, 18.jun.2007, Cidades, p. C16.

[2] FORTALSAMPA. Disponível em http://www.fortalsampahpg.ig.com.br/programacao_sp_004.htm. Acesso em 17.mai.2006.

▼ Case 2: Propaganda Bom Bril x Assolan

Problema de marketing

O mercado de esponja de aço enfrenta uma grande disputa envolvendo a tradicional Bom Bril, que se tornou sinônimo do produto, e sua concorrente, a Assolan Industrial Ltda., que conquistou 24% do mercado nos últimos dois anos.

As duas concorrentes usam como matéria-prima na produção da esponja o aço carbono, fornecido pela companhia Belgo Mineira.

O preço entre as duas é similar. A Bom Bril sempre esteve presente na mídia. Carrega o slogan "mil e uma utilidades".

Nos últimos quatro anos, a campanha Bom Bril esteve quase que completamente fora do ar. Nesse período, a Assolan entrou com campanha maciça, com o tema: "Assolan, o fenômeno que não pára de crescer".

Diversificou sua linha de produtos com desengordurante, limpa-vidros, lustra móveis, sabão em pó, panos de limpeza superabsorventes, umedecidos e perfumados, além das esponjas sintéticas, versões antiaderente, inox e multi-uso.

Atualmente, a Bom Bril volta à ativa e, juntamente com a Assolan, apresenta suas campanhas publicitárias no ar.[3]

Diante dessa disputa, a questão que se apresenta é:

Problema: A Assolan continuará a crescer significativamente no mercado?

Com essas informações, o cliente traçará suas estratégias para combater a concorrência (propaganda, ponto de venda).

▼ Case 3: Hotel

Problema de marketing

O serviço hoteleiro é uma atividade dinâmica. O consumidor consome o serviço ao mesmo tempo em que ele está sendo produzido, por isso é mais difícil manter o grau de satisfação. Um serviço oferecido a um cliente não é exatamente igual ao oferecido ao cliente seguinte. Inúmeras variáveis podem influenciar o grau de satisfação: o dia, o horário, o humor, a companhia de outras pessoas, a habilidade do pessoal do atendimento para resolver problemas, demonstrar respeito e empatia.

---

[3] RIBEIRO, Marili. Garoto Bom Bril volta para cutucar. *O Estado de S.Paulo*, 2007, Disponível em: http://www.estadao.com.br/editoriais/2007/04/24/eco_1.93.4.22070424.461.xml Acesso em 12.fev.2008.

O consumidor se queixa, reclama, se frustra com muito mais facilidade do que quando consome um produto (bem tangível), por isso manter sempre a mesma qualidade é um dos maiores problemas na área de serviços.

No mercado hoteleiro a manutenção desta qualidade é um grande desafio. Considerando-se que o turismo no Brasil está em pleno desenvolvimento e a concorrência entre os hotéis é bastante acirrada, surge a cada dia a necessidade de encontrar caminhos que deixem o cliente satisfeito.

O atendimento deve se destacar pelo envolvimento de toda a equipe: recepção, restaurante, copa, camareira, monitores, manutenção, gerentes etc., que deve se esmerar para demonstrar: competência, conhecimento, confiança, cortesia, agilidade, disponibilidade, habilidade, iniciativa, criatividade etc.

As instalações, parte tangível do serviço, também devem corresponder as necessidades e desejos do consumidor.

É importante destacar que o consumidor está comprando momentos agradáveis, conforto e segurança. Por isso, é importante pesquisar com freqüência a satisfação dos hóspedes com o nível de qualidade do serviço oferecido para evitar situações que podem ir de uma simples insatisfação até a perda do cliente.

Neste projeto, não temos um cliente específico, mas uma situação que permite avaliar os mais diferentes serviços prestados pelos hotéis. Dependendo do hotel a ser analisado, as questões poderão ser ampliadas ou reduzidas.

Problema: Em um mercado hoteleiro, altamente competitivo, o hotel "X" está tendo uma boa repercussão entre os hóspedes?

Com essas informações o cliente traçará suas estratégias de marketing para o próximo ano (serviço e preço).

B. Construção de hipóteses

A pesquisa se inicia sempre com a colocação de um problema solucionável. O passo seguinte consiste em dar uma solução possível, por meio de uma proposição, ou seja, de uma exposição verbal passível de ser declarada falsa ou verdadeira. A essa proposição dá-se o nome de hipótese. Assim, a hipótese é a proposição testável que pode vir a ser a solução do problema. A hipótese deve ser clara e específica. Não há regras para a sua elaboração. Para Gil (1991, p. 40) elas surgem a partir de:

- experiência do pesquisador;
- observação;
- resultados de outras pesquisas;
- teorias;
- intuição.

▼ Case 1

Problema: Os jovens de Atibaia têm necessidades, desejos e comportamentos semelhantes aos dos paulistanos, que comportem a abertura de uma loja com grifes internacionais?

Hipóteses
1. Sim. Os jovens têm estilo de vida similar.
2. Sim. Vestuário é o item de consumo de maior interesse do jovem porque ajuda a mostrar a sua identidade.
3. Sim. As etiquetas famosas são símbolos de *status* em qualquer lugar.
4. Não. Embora tenham estilo de vida similar, os jovens preferem comprar em São Paulo ou Campinas, pois, assim, conciliam passeio e lazer.

▼ Case 2

Problema: A Assolan continuará a crescer significativamente no mercado?

Hipóteses
1. Assolan virou *top of mind*.
2. Apesar de ser um produto novo, Assolan é mais competitivo que o seu concorrente.
3. Assolan está associado à modernidade.
4. As campanhas da Assolan são mais diretas com o consumidor.
5. O nome tem ligação imediata com o conceito do produto.

▼ Case 3

Problema: Em um mercado hoteleiro altamente competitivo, o hotel "X" tem uma boa repercussão entre os hóspedes?

Hipóteses
1. Sim. Possui boa infra-estrutura.
2. Sim. Possui boa qualidade de atendimento.
3. Sim. As experiências dos hóspedes têm sido agradáveis e positivas e estes o recomendam a terceiros.

C. Determinação dos objetivos

Os objetivos gerais indicam a direção a seguir. São formulados a partir do problema. Os objetivos específicos descrevem detalhadamente o que será obtido no levantamento e são formulados a partir das hipóteses.

▼ Case 1

Problema: Os jovens de Atibaia têm necessidades, desejos e comportamentos semelhantes ao dos paulistanos, que comportem a abertura de uma loja com grifes internacionais?

Objetivo geral: Conhecer o perfil do consumidor de jeans *premium* em Atibaia.

Hipóteses	Objetivos específicos
1. Sim. Os jovens têm estilo de vida similar.	• Dados demográficos • Hábitos de lazer • Assuntos de interesse • Tipo de música ouvida • Preferência por mídia
2. Sim. Vestuário é o item de consumo de maior interesse do jovem porque ajuda a mostrar a sua identidade.	• Concentração dos gastos mensais • Freqüência de compra de roupa e acessórios • Valor gasto por compra • Peças que costumam comprar
3. Sim. As etiquetas famosas são símbolos de *status* em qualquer lugar.	• Marcas que fazem parte da vida • Marcas de jeans que costumam comprar • Marcas de roupas que costumam comprar
4. Não. Embora tenham estilo de vida similar, os jovens preferem comprar em São Paulo ou Campinas, pois, assim, conciliam passeio e lazer.	• Freqüência ao comércio de Atibaia / São Paulo / Campinas. • Razões da freqüência ou não ao comércio de Atibaia • Opinião sobre uma nova loja

▼ Case 2

Problema: Diante desta disputa, Assolan continuará a crescer significativamente no mercado?

Objetivo geral: Identificar quais foram os fatores que levaram Assolan a ter crescimento significativo nos últimos anos.

Hipóteses	Objetivos específicos
1. Assolan virou *top of mind*.	*Top of mind* e *share of mind*
2. Apesar de ser um produto novo, Assolan é mais competitivo que o seu concorrente.	Marcas utilizadas Razões de escolha Razões de abandono Razões de não-utilização Características mais valorizadas Consumo: quem consome, ocasiões, formas de uso
3. Assolan está associado à modernidade.	Imagem do produto: confiável/conhecida/simpática etc.
4. As campanhas da Assolan são mais diretas com o consumidor.	Avaliação da propaganda (Assolan x Bom Bril): lembrança, entendimento, empatia, credibilidade, imagem transmitida
5. O nome tem ligação imediata com o conceito do produto.	Associação ao nome Empatia Facilidade de memorização Impacto Inovação

▼ Case 3

Problema: Em um mercado hoteleiro altamente competitivo, o hotel "X" tem uma boa repercussão entre os hóspedes?

Objetivo geral: Avaliar a qualidade dos produtos e serviços do hotel "X".

Hipóteses	Objetivos específicos
1. Sim. Possui boa infra-estrutura.	• Avaliação do espaço físico: apartamentos, salas e áreas de lazer.
2. Sim. Possui boa qualidade de atendimento.	• Avaliação de serviços de recepção, restaurante, copa, camareira, manutenção, gerentes, monitores para crianças em relação a conhecimento, cortesia, confiabilidade, criatividade e rapidez.
3. Sim. As experiências dos hóspedes têm sido agradáveis e positivas e estes o recomendam a terceiros.	• Nível de satisfação geral. • Intenção de retorno. • Recomendação a terceiros.

D. Metodologia

Quando projetamos uma pesquisa, devemos considerar o modelo a ser aplicado e a forma como os dados serão coletados.

Existem dois tipos amplos de modelo de pesquisa: exploratório e conclusivo. A pesquisa conclusiva pode ser descritiva ou causal. Os dados são classificados em primários ou secundários. (MALHOTRA, 2005, p. 54)

1. Pesquisa exploratória

É considerada o ponto de partida para explorar a situação, ou seja, para obter idéias e informações quanto ao problema que está sendo investigado. É adequada para gerar perguntas de pesquisa e hipóteses.

A pesquisa exploratória é conduzida a partir de dados secundários (já existentes e publicados) ou dados primários (coletados para um fim específico), com uma amostra pequena e não-representativa, conhecidos como pesquisa qualitativa.

1.1 **Dados secundários** representam quaisquer dados que já foram coletados para outros propósitos além do problema em questão.

Este levantamento pode ser feito por meio de fontes internas (índices financeiros, informações comerciais, vendas, relatórios de visitas de representantes, pesquisas etc.) e fontes externas (IBGE, ministérios, fundações, sindicatos, publicações da imprensa profissional etc.).

Os dados secundários podem conter erros, originados do estágio de abordagem e concepção da pesquisa, amostragem, coleta de dados, análise e elaboração do relatório do projeto. Além disso, é difícil avaliar a precisão dos dados secundários quando o pesquisador não participou diretamente da coleta.

Quanto mais afastado da fonte de dados originais, maior é a possibilidade de problemas com precisão. Uma fonte original provavelmente será mais precisa e completa que uma fonte não original. Sempre use a fonte original se ela estiver disponível.

Uma solução para controlar os problemas de precisão é encontrar várias fontes de dados e compará-las. Cheque sempre a atualidade dos dados.

As fontes padronizadas são consideradas por Malhotra (2005, p. 89-90) também como fontes de dados secundários. São empresas como ACNielsen, Ibope e outras que coletam dados de interesse comum para atender às necessidades de informações compartilhadas por várias empresas e têm aplicação específica para análise de mercado. Embora classificados como secundários, diferem dos demais porque são coletados periodicamente e têm valor comercial. Também são chamados de pesquisa contínua. As principais são os painéis domiciliares que levantam dados sobre o padrão de compra do produto ou consumo de mídia e as auditorias no varejo e atacado, relacionadas ao movimento do produto no ponto de venda.

1.2. Pesquisa Qualitativa

Busca compreender as relações de consumo em profundidade. Procura identificar as motivações de consumo, respondendo às questões: Como as pessoas compram?, Por que compram?, Quais os valores e os preconceitos percebidos em relação a determinados produtos, serviços, marcas ou segmentos de consumo?

A pesquisa é realizada por meio de roteiro preestabelecido.

Focus groups é o método de coleta mais difundido e utilizado pelos pesquisadores de marketing que optam pela pesquisa qualitativa. É uma discussão cuidadosamente planejada, cujo objetivo é obter dados sobre as percepções dos entrevistados acerca de uma área específica de interesse. A entrevista é conduzida com um grupo de aproximadamente dez pessoas. Os membros do grupo tendem a influenciar uns aos outros discutindo idéias que surgem no grupo. A interação entre os participantes somada à atitude não diretiva do entrevistador, que tem somente um roteiro da entrevista com uma estrutura de tópicos a serem abordados, cria um ambiente propício ao afloramento de *insights*, motivos e emoções que dificilmente seriam verbalizados em outras situações de pesquisa.

A *entrevista em profundidade* é outro método de coleta da pesquisa qualitativa. Comparativamente à discussão em grupo, permite um aprofundamento da perspectiva mais pessoal do entrevistado. É uma técnica extremamente adequada ao estudo de temas "socialmente difíceis", em que a verbalização das atitudes reais pode levar a situações constrangedoras. Nesse caso, se por um lado o entrevistador não tem de lidar com problemas inerentes a uma dinâmica grupal; por outro, não pode contar com os estímulos que em uma discussão em grupo os próprios participantes colocam. Trata-se, sem dúvida, de uma técnica difícil, pois, em muitos casos, depende única e exclusivamente da habilidade e do treinamento do entrevistador para a obtenção de respostas.

2. Pesquisa descritiva

É um tipo de pesquisa conclusiva que tem como principal objetivo a descrição de algo — normalmente características ou funções de mercado, como: Quem compra?, O que compra?, Quanto?, Como?, Onde?, Quando? É conhecida como pesquisa quantitativa porque busca uma análise quantitativa das relações de consumo. Daí a necessidade de os estudos serem realizados a partir da elaboração de amostras da população, utilizando-se da estatística para este fim, pois o que se pretende é extrapolar os resultados obtidos na amostra em estudo para determinada população. Os resultados da pesquisa serão analisados e interpretados a partir de médias e percentuais das respostas obtidas.

A pesquisa é realizada por meio de questionário estruturado, aplicado de acordo com as seguintes técnicas:

Método de coleta de dados

A. Pessoal (domiciliar, pontos de grande concentração)

É o método mais seguro para se obter maior fidelidade das respostas. A entrevista no domicílio é ideal se o questionário for longo, pois o entrevistado está mais à vontade em seu universo familiar. Com um pouco de "jogo de cintura" o entrevistador poderá verificar a presença do produto no domicílio, o nível social do entrevistado etc. Uma das dificuldades é entrar na residência do entrevistado. Na entrevista em pontos de grande concentração o tema da pesquisa deve ser direcionado à população como um todo, ou a segmentos bastante específicos, como clientes nos estacionamentos dos supermercados. É um método que permite entrevistar rapidamente um grande número de pessoas.

B. Telefone

A pesquisa por telefone é rápida e econômica. O questionário deve ter poucas perguntas e o entrevistador deve ter certeza de que está falando com a pessoa correta. Oferece um bom índice de respostas.

C. Postal (correio, encarte em revista)

Na pesquisa por correspondência, não temos os custos com os pesquisadores, é possível conseguir uma boa divisão geográfica (regional, nacional ou internacional). O problema deste método é a taxa de respostas (entre 5% e 10%, o que significa que será preciso enviar um número de questionários bem maior do que o tamanho da amostra). Outra questão é que alguns entrevistados apreciam responder cartas e outros não, e a pesquisa pode representar apenas a opinião de quem aprecia responder carta.

Para obter o maior número de respostas é importante enviar uma carta motivadora; um questionário claro, de fácil preenchimento; um envelope para a resposta com a frase: porte pago pelo destinatário. Você pode mandar um brinde e lembretes para as pessoas esquecidas. O *mailing* também deve estar atualizado.

Esse método de coleta de respostas permite atingir mais facilmente pessoas ocupadas, de formação superior.

D. Eletrônico

As pesquisas por meio eletrônico estão se tornando cada vez mais comuns devido ao baixo custo, comodidade e rapidez da informação. Entretanto, é difícil o controle sobre a distribuição amostral. Por isso, utilize principalmente quando o público puder ser representado através da internet, como clientes cadastrados de uma empresa, visitantes de um site, clientes de lojas virtuais. Assim como na coleta de dados postal, o respondente talvez seja somente aquele que aprecia responder e-mails.

E. Observação

Entre os métodos de coleta de dados citados, é importante salientar o método de observação, que permite analisar o comportamento real das pessoas em seu habitat natural.

Segundo Pinheiro (2006, p.115) esse método baseia-se nos métodos de etnografia, ramo da antropologia que se dedica à pesquisa de campo, "o método de observação utiliza-se de câmeras, registros fotográficos e da presença participativa do pesquisador no habitat do consumidor, por exemplo: supermercados, lojas, praias, danceterias, e até mesmo na própria residência do consumidor para investigar e entender o comportamento efetivo das pessoas".

A etnografia em pesquisa de marketing seria, portanto, a aplicação de uma metodologia que inclui observação no momento em que as coisas acontecem. Muitas vezes, existe uma distância entre o que as pessoas falam e o que elas fazem, ou por não terem consciência de suas motivações ou por suas colocações refletirem somente aspirações, daí a importância de combinar diferentes métodos de pesquisa.

Atualmente, esta ferramenta tem sido bastante considerada em função de fatores como: consumidores difíceis de atingir e atender; cenário competitivo, concorrência com qualidade equivalente e sem diferenciais em termos de produto; rapidez das mudanças, levando à necessidade de contato rápido e imediato com o público.

Uma pesquisa realizada pela Millward Brow a respeito da opinião das empresas sobre a pesquisa etnográfica indica como principais vantagens: observar o comportamento em seu ambiente (43%); maior profundidade/entendimento (30%); superar o verbal/ver o inconsciente e gerar novos *insights* (13% cada). As desvantagens: custo (38%); tempo (33%); uso indiscriminado (20%); falta de profissionais experientes (18%), amostra reduzida (15%); risco de generalização (10%) e dificuldade em analisar/interpretar (10%).

O especialista em pesquisa etnográfica, Philly Desai, aponta que o uso da pesquisa etnográfica agrega valor nas seguintes situações: observação de processos que estão automatizados e em que a declaração não é capaz de descrever todas as etapas; comportamentos não conscientes para o indivíduo e, assim, difíceis de explicar; segmentos para os quais há dificuldade de acesso ou forte pressão para resposta social ou politicamente corretas; para explorar o contexto de compra e usos sociais e culturais na exploração minuciosa dos rituais e rotinas diárias.

Hy Mariamploski propõe "10 mandamentos" para o uso dessa abordagem:

1. Seja essencialmente um observador;
2. Respeite as regras do ambiente e da observação;
3. Seja objetivo e ingênuo;
4. Respeite o seu consumidor de forma incondicional;
5. Não menospreze qualquer tipo de informação;
6. Siga o ritmo do ambiente e da visita;
7. Quanto mais aberto o roteiro, melhor;
8. Estimule positivamente;
9. Mantenha a naturalidade;
10. Registre as grandes descobertas. [4]

Pesquisa causal

Os estudos causais ou experimentais procuram estabelecer, de forma prática, uma relação de causa e efeito entre as variáveis em estudo. São conclusões que dificilmente poderão ser obtidas por estudos exploratórios ou descritivos.

São testes de mercado que visam prever as reações dos consumidores às ações de marketing que a empresa tenciona efetuar. Para isso, as empresas implementam ações em uma escala reduzida, para serem medidos os seus efeitos em determinado público-alvo. Os testes tanto podem incidir numa única variável do marketing-mix (preço, ponto de venda, produto e publicidade) como ser relativos a toda a estratégia de marketing da empresa.

Colocamos o produto à venda durante um tempo e observamos através do registro de vendas do estabelecimento a procura pelo produto.

Para melhor visualizar as características de cada abordagem metodológica, apresentaremos o quadro comparativo a seguir:

---

[4] Etnografia: solução ou caminho de volta. *Meio & Mensagem*. São Paulo, SP, 02.abr.2007, p. 54.

Quantitativa	Qualitativa
Existem conhecimentos suficientes para a formulação de hipóteses.	Não existe mapeamento anterior.
Expressão numérica de determinados aspectos da realidade.	Identifica comportamentos e tendências.
Dimensiona problemas, soluções e oportunidades	Posicionamento de marca, reações a novos produtos, likes & dislikes
Tem caráter conclusivo.	Tem caráter exploratório.
Trabalha com populações, universos.	Ouve poucas pessoas.
Faz cruzamentos corretos.	Percepção aguçada das informações.
Segue questionário.	Segue roteiro.

Quadro 5.1 Diferenças entre pesquisa descritiva e exploratória.

Amostra

Toda pesquisa envolve um universo a ser investigado, ou seja, o público que dará as informações necessárias para entender o problema que está sendo investigado.

O público deve estar definido no projeto e ser discutido exaustivamente com o cliente, pois é baseado em suas respostas que chegaremos às conclusões e recomendações que darão subsídios às estratégias da empresa.

Retomando os exemplos citados anteriormente: na loja de jeans *premium* teríamos como universo jovens, com renda familiar superior a 10 mil reais, residentes na cidade de Atibaia; na pesquisa de esponja de aço teríamos donas de casa que compram e utilizam o produto; no estudo do hotel, os hóspedes daquele hotel em particular (nos últimos seis meses).

Seria impossível entrevistar todos os jovens de Atibaia, todas as donas de casa que compram e utilizam esponja de aço e todos os hóspedes do hotel. Por isso, selecionamos uma amostra, ou seja, uma parcela desse público para analisarmos o problema em questão. Seria parecido com o procedimento de um exame de sangue. Extraímos uma pequena quantidade que viabilize identificar o tipo sanguíneo.

Tamanho da amostra

Segundo Gil (2001, p.96): "para que os dados obtidos num levantamento sejam significativos, é necessário que a amostra seja constituída por um número adequado de elementos. A estatística dispõe de procedimentos que possibilitam estimar esse número. Para tanto, são realizados cálculos diversos. Entretanto, uma razoável estimativa pode ser feita consultando a tabela a seguir.

70 • PESQUISA DE MARKETING

Esta tabela fornece o tamanho da amostra adequada para um nível de confiança de 95,5% (que em termos estatísticos corresponde a dois desvios-padrões). As várias colunas, por sua vez, indicam o número de elementos a serem selecionados com as respectivas margens de erro".

Tabela 5.1 Para determinar a amplitude de uma amostra tirada de uma população finita com margens de erro de 1, 2, 3, 4, 5 e 10% na hipótese de $p^* = 0,5$.

Coeficiente de confiança 95,5%						
Amplitude da população (universo)	Amplitude da amostra com as margens de erro já indicadas no texto					
	± 1%	± 2%	± 3%	± 4%	± 5%	± 10%
....	-	-	-	-	222	83
1.000	-	-	-	385	286	91
1.500	-	-	638	441	316	94
2.000	-	-	714	476	333	95
2.500	-	1.250	769	500	345	96
3.000	-	1.364	844	517	353	97
3.500	-	1.458	843	530	359	97
4.000	-	1.538	870	541	364	98
4.500	-	1.607	891	549	367	98
5.000	-	1.667	909	556	370	98
6.000	-	1.767	938	566	375	98
7.000	-	1.842	949	574	378	99
8.000	-	1.905	976	480	381	99
9.000	-	1.957	989	584	383	99
10.000	5.000	2.000	1.000	488	383	99
15.000	6.000	2.143	1.034	600	390	99
20.000	6.667	2.222	1.053	606	392	100
25.000	7.143	2.273	1.064	610	394	100
50.000	8.333	2.381	1.087	617	397	100
100.000	9.091	2.439	1.099	621	398	100
∞	10.000	2.500	1.111	625	400	100

p^* = proporção dos elementos portadores do caráter considerado. Se p é < 0,5, a amostra pedida é menor. Nesse caso, determina-se o tamanho da amostra multiplicando-se o dado que aparece na tabela por 4 [p (1 – p)].
Fonte: Arkin e Colton, Apud Tagliacarne, 1976.

Tipos de amostragem

A definição da amostra envolve também o método de amostragem que pode ser classificado em dois:

A. Probabilística ➤ toda unidade amostral tem uma chance ou probabilidade de ser selecionada na amostra. Por exemplo, se uma amostra de quatrocentas pessoas tiver de ser escolhida a partir de uma população de 40 mil, cada elemento terá uma chance em cem de ser selecionado no processo de amostragem.

B. Não Probabilística ➤ por utilizar critérios pessoais de escolha a probabilidade de uma pessoa fazer parte da amostra é desconhecida.

Técnicas da amostragem probabilística

1. **Aleatória simples** ➤ depende da existência de alguma lista. Os elementos da amostra serão retirados casualmente (por meio de uma tabela de números aleatórios ou, então, por sorteio) de seu universo. Deverá ser utilizada para pequenas populações, pois cada unidade da população deve ser identificada.

Tabela 5.2 Tábua de números aleatórios

53	74	23	99	67	61	32	28	69	84	98	33	41	19	95	47	53	53	38	09
63	38	06	86	54	99	00	65	26	94	79	62	87	80	60	75	91	12	91	19
35	30	58	21	46	06	72	17	10	94	25	21	31	75	96	49	28	24	00	49
63	43	36	82	89	65	51	18	37	88	32	92	85	88	65	54	34	81	85	35
98	25	37	55	26	01	91	82	41	46	24	92	71	37	07	03	92	18	66	75
02	62	21	17	69	71	50	80	89	56	38	15	70	11	48	43	40	45	86	98
64	55	22	21	82	48	22	27	06	00	61	54	13	43	91	06	66	24	12	27
85	07	26	13	89	01	10	07	82	04	59	63	69	36	03	69	11	15	83	80
58	54	16	24	15	51	54	44	82	00	62	61	65	04	69	85	72	13	49	21
34	85	27	84	87	61	48	64	56	26	90	18	48	13	26	37	70	15	42	57
03	92	18	26	46	57	99	16	96	56	30	33	72	85	22	84	64	38	56	98
99	01	39	98	64	62	95	30	27	59	37	75	41	66	48	86	97	80	61	45
23	53	04	01	63	45	76	08	64	27	08	45	93	15	22	60	21	75	46	91
98	77	27	85	42	28	88	61	08	84	69	62	03	42	73	07	08	55	18	40
45	44	75	13	90	24	94	96	61	02	57	55	66	83	15	73	42	37	11	61
02	85	89	95	66	51	10	18	34	38	15	84	97	19	75	12	76	38	43	78
64	63	91	08	25	72	84	71	14	35	19	11	58	49	26	59	11	17	17	76
86	31	57	29	18	95	60	78	46	75	88	78	28	16	84	13	52	53	94	53
75	45	69	30	96	73	89	65	70	31	99	17	43	49	76	45	17	75	65	57
28	40	19	72	12	25	12	74	75	67	60	40	60	81	19	24	62	01	61	16

Fonte: Fachin, 2001.

2. **Estratificada** ➤ os elementos da amostra serão retirados de determinado segmento que possui características comuns.

3. **Sistemática** ➤ os elementos da amostra serão retirados do universo por meio de intervalos consecutivos a partir do sorteio ou escolha do primeiro elemento. A técnica depende da existência de alguma lista da população sob investigação, para identificação de seus elementos.

Exemplo: População: 50.000
 Amostra: 200

1º Passo — achar o intervalo:

$$\text{Intervalo} = \frac{\text{População}}{\text{Amostra}}$$ em nosso exemplo, $\frac{50.000}{200} = 250$

2º Passo — escolher o 1º elemento — deverá ser um número entre o 1 e o número achado no intervalo (em nosso exemplo, 250):

- 1º elemento: 72
- 2º elemento: 322
- 3º elemento: 572
- 4º elemento: 822
- 5º elemento: 1.072

Na técnica de amostragem por conglomerados e estágios múltiplos os elementos da amostra serão retirados do universo de uma determinada região geográfica (cidades, bairros, distritos, zonas etc.).

4. **Conglomerados ou cluster ou grupos** ➤ ocorre quando as entrevistas se concentram em número relativamente pequeno de grupos.

5. **Estágios múltiplos** ➤ envolve o processo de seleção em dois ou mais estágios sucessivos em todas as regiões a serem pesquisadas.

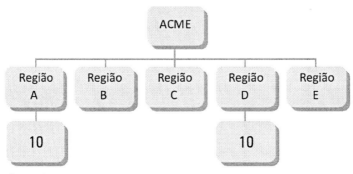

Figura 5.3 Conglomerados

Estágios Múltiplos

Figura 5.4 Estágio múltiplo

Exemplificando:

No projeto de abertura de uma loja de jeans *premium*, como já temos conhecimento do segmento que queremos pesquisar (jovens cuja família tenha renda superior a 10 mil reais que moram em Atibaia) vamos utilizar a amostragem estratificada. Podemos dar continuidade especificando que a amostragem será estratificada por estágios múltiplos, ou seja, a amostra será dividida igualmente entre os diferentes bairros de Atibaia. Se tivermos informações que nos permitam dizer que em determinado bairro existe maior concentração de jovens de alta renda utilizaremos a amostragem estratificada por cluster.

No projeto da esponja de aço, também temos conhecimento do segmento que queremos pesquisar (donas de casa que compram e usam esponja de aço). Como é um produto de consumo de massa, fica difícil estabelecer a zona ou bairro de maior consumo (exceto se a empresa tiver esses dados). O ideal seria a amostragem estratificada por estágios múltiplos, ou seja, todos os bairros de São Paulo seriam pesquisados.

No projeto do hotel, existe uma listagem dos hóspedes, poderíamos utilizar a amostragem aleatória simples ou sistemática.

Para McDaniel (2003, p. 272-273) as principais vantagens e desvantagens da amostragem probabilística são:

Vantagens da amostragem probabilística

- Representativa da população de interesse.
- Os erros de amostragem podem ser computados.
- Os resultados da pesquisa são projetáveis para o total da população.

Por exemplo, se 10% dos respondentes em um projeto de pesquisa com amostra probabilística derem determinada resposta, o pesquisador pode projetar essa porcentagem adicionando ou diminuindo a margem de erro para o total da população.

74 • PESQUISA DE MARKETING

Desvantagens da amostragem probabilística

- Na maioria dos casos, é mais cara que a amostragem não probabilística do mesmo tamanho.
- Os procedimentos que precisam ser seguidos na execução do plano amostral aumentam a parcela de tempo necessário para a coleta de dados.

Técnicas da amostragem não probabilística

1. **Amostras por conveniência (ou acidentais)** ➤ o elemento pesquisado foi selecionado por estar disponível no momento específico da pesquisa. É utilizada para avaliar idéias sobre determinado assunto de interesse.

2. **Amostras intencionais (ou por julgamento)** ➤ a suposição básica da amostra intencional é de que, com bom julgamento pode-se chegar a amostras que sejam satisfatórias para as necessidades da pesquisa.

3. **Amostras por quotas (ou proporcionais)** ➤ o pesquisador procura obter uma amostra que seja similar à população. Há necessidade de se conhecer a distribuição, na população, de algumas características para o delineamento da amostra. Essas características podem ser obtidas nos Censos Demográficos do IBGE ou em outras fontes de dados secundários.

Para McDaniel (2003, p. 273-274), as principais vantagens e desvantagens da amostragem não probabilística são:

Vantagens da amostragem não probabilística

- Custo menor.
- As amostras obtidas pela amostragem não probabilística podem ser recolhidas mais rapidamente.
- Podem produzir amostras de população que são razoavelmente representativas, caso sejam executadas corretamente.

Desvantagens da amostragem não probabilística

- O erro de amostragem não pode ser computado.
- O pesquisador não conhece o grau em que a amostra é representativa da população de interesse.
- Os resultados não podem ser projetados para o total da população.

Capítulo

6

Briefing de Pesquisa
(Se você estiver do lado do cliente)

Quando uma empresa for desenvolver um estudo de pesquisa de marketing, em boa parte dos casos, precisará contratar fornecedores externos para todo o projeto ou parte dele. A primeira etapa envolve o levantamento de uma lista de fornecedores e a análise de cada um deles para verificar sua adequação ao estudo.

Algumas questões devem ser consideradas:

- Para quais clientes tem desenvolvido trabalhos de pesquisa nos últimos dois anos e quais os tipos de projeto que tem realizado?
- Qual o seu grau de comprometimento com os códigos de práticas profissionais aceitos para a pesquisa de mercado (Esomar, Abep, SBPM)?
- Trabalha com empresas subcontratadas para o trabalho de campo, tabulação e análise?
- Como é a equipe de entrevistadores (especialização, seleção, treinamento)?
- Como são feitos a supervisão, o controle de campo e a verificação dos trabalhos?
- Qual o formato do relatório (escrito, verbal, gráficos, tabelas)? Os relatórios são descritivos, interpretativos ou analíticos? Faz recomendações estratégicas de marketing e de comunicação?

Para maior conhecimento das empresas de pesquisa, consulte o site da ABEP (Associação Brasileira das Empresas de Pesquisa) *www.abep.org* e da SBPM (Sociedade Brasileira de Pesquisa de Mercado) *www.sbpm.org.br*

Paralelamente, você deverá elaborar o *briefing* de pesquisa. O *briefing* é uma peça fundamental para que a empresa de pesquisa possa desenvolver uma proposta. Para a correta elaboração de um *briefing* é necessário primeiramente que se conheça a situação do mercado em que atua.

Ninguém melhor do que o cliente (contratante) para passá-lo para o instituto de pesquisa (contratado), afinal ele conhece o mercado, o assunto a ser tratado e o problema a ser resolvido.

76 • PESQUISA DE MARKETING

O *briefing* como instrumento de trabalho passa a ser uma referência, uma fonte de consulta para o instituto e o cliente. Sem este não é possível saber qual o problema a ser estudado, qual a melhor metodologia a ser adotada e como elaborar a proposta mais adequada.

Os itens que devem compor um bom *briefing* são:

1. **Histórico:** informações sobre o mercado do cliente, a marca, a concorrência e outras que nos ajudem a entender o problema.

2. **O problema de marketing:** o histórico deve desembocar no problema que o cliente está enfrentando, em outras palavras, é o que ele espera ver resolvido depois da pesquisa. É um ponto crítico, pois o problema irá direcionar todas as ações subjacentes.

3. **Objetivo(s) da pesquisa:** descrição clara e objetiva do que a pesquisa visa descobrir. Tem relação direta com o problema.

4. **Padrão de ação:** o que o cliente pretende fazer com os resultados, ou seja, que decisões irá tomar a partir dos resultados da pesquisa.

5. **Questões específicas (ou áreas de investigação):** o cliente deve incluir todas as perguntas ou áreas de informação que necessite obter, sempre considerando o problema de marketing e os objetivos do estudo.

6. **Público-alvo:** especificação do *target* a ser pesquisado. É importante especificar os dados sociodemográficos e, em alguns casos, os dados de estilo de vida. Indique se são consumidores, ex-consumidores ou não consumidores.

7. **Áreas geográficas:** definição das áreas geográficas/cidades que o estudo deverá cobrir.

8. **Materiais anexos:** relação dos materiais fará parte da pesquisa, como photo boards, cartazetes etc.

9. **Limitações de prazo e custo:** Algumas pesquisas acabam não sendo planejadas e conduzidas idealmente por limitações de prazo e/ou custo. Cabe ao cliente mencionar alguma restrição. (Guia do usuário de Pesquisa. Revisão 1997/1998. ABA).

Exemplo: Lingerie sem costura

1. Histórico

A roupa íntima masculina e feminina tem crescido em importância entre os consumidores, deixando de ser apenas uma "roupa de baixo", faz parte do vestuário e é escolhida criteriosamente de acordo com as finalidades a que se destina. Formada por calcinhas, sutiãs, cintas-ligas, espartilhos e algumas outras peças, a *lingerie* desperta e cria um clima de sedução e fantasia.

A tecnologia sem-costura tem várias vantagens:

- marcam menos a roupa pela ausência de costuras laterais. Os elásticos, embutidos e tecidos nas bainhas, contribuem para a melhor adaptação da peça;
- não desbotam e não amassam;
- as misturas mais comuns são feitas de microfibra, algodão e modal, sempre aliadas ao conforto proporcionado pela lycra;
- modelagem e leveza garantem adaptação ao corpo;
- ação bacteriostática, que evita a proliferação de bactérias causadoras de odores, sem provocar alterações na flora bacteriana presente no corpo.
- são saudáveis; para alguns especialistas, o uso de sutiã apertado pode gerar cefaléia, dificuldade de raciocínio, prejuízo respiratório e displasia mamária.

Algumas marcas que trabalham com *lingerie* sem costura: Hope, Triumph, Valisère, Duloren, Trifil, De Millus e Scala.[1]

Apesar das inúmeras vantagens, a *lingerie* sem costura não goza de preferência da consumidora.

2. **Problema de marketing**: a mulher tem percepção do aspecto saudável da lingerie sem costura?

3. **Objetivo(s) da pesquisa**: analisar o nível de conhecimento, interesse e importância e motivação no consumo de lingerie sem costura.

4. **Padrão de ação**: os resultados serão utilizados para definir ações de marketing e mais especificamente de comunicação, que abordem melhor as necessidades e desejos da consumidora.

5. **Questões específicas (ou áreas de investigação)**: investigar como a mulher encara a *lingerie*, qual sua preocupação com a saúde e como a lingerie sem costura se encaixa no dia-a-dia.

6. **Público-alvo**: mulheres das classes A, B e C entre 18 e 45 anos.

7. **Áreas geográficas**: São Paulo – Capital, pois representa o maior mercado para *lingerie* e mais especificamente *lingerie* sem costura.

8. **Materiais anexos**: fotos dos produtos e amostra de tecidos.

9. **Limitações de prazo e custo**: a pesquisa deverá ser realizada no prazo máximo de dois meses.

---

[1] LINGERIE de todos os jeitos. Disponível em: http://www.centershop.com.br/mostra_conteudo. php/referencia=aprenda_fazer&conteudo=807&codigo807. Acesso em 12.fev. 2008.

Capítulo

7 Elaboração da Proposta (Se você estiver do lado do instituto)

Com base nas informações fornecidas no *briefing* de pesquisa e nas discussões subseqüentes entre cliente e Instituto, este preparará uma proposta na qual se baseará o acordo.

1. Objetivos da pesquisa

- a. Problema a ser investigado
- b. Hipóteses
- c. Objetivos gerais e específicos
- d. Como serão utilizadas as informações

2. Especificações do estudo

2.1. *No caso de pesquisa quantitativa*:

- a. Método e instrumento de coleta de dados
- b. Universo a ser pesquisado
- c. Tamanho da amostra
- d. Método de seleção da amostra

2.2. *No caso de pesquisa qualitativa:*

- a. Método e instrumento de coleta de dados
- b. Universo a ser pesquisado
- c. Número de grupos
- d. Responsabilidade pelo recrutamento
- e. Local de realização dos grupos

3. Material final

Descrição do formato do relatório: tabela, análise, apresentação oral/escrita/inglês etc.

4. Área geográfica

Locais onde será realizado o projeto.

5. Cronograma

Especificar as datas para o início do campo, tabulação, resultados preliminares, apresentação oral e relatório final.

6. Empresas subcontratadas

Nome da empresa que participará do projeto.

7. Responsabilidades

Especificação das responsabilidades assumidas durante o projeto: retirada de produtos, armazenagem etc.

8. Orçamento

O que está incluído ou não no orçamento. (Guia do usuário de Pesquisa. Revisão 1997/1998. ABA)

Exemplo: *Lingerie* sem costura

1. Objetivos da pesquisa

A. Problema a ser investigado:

A mulher tem percepção do aspecto saudável da *lingerie* sem costura (conhecimento, interesse, motivação)?

Vamos analisar a aceitação do público feminino em relação à compra e consumo de *lingerie* sem costura. Quais seriam os pontos positivos e negativos, a relação custo-benefício. Precisamos explorar e conhecer as possibilidades reais do produto e satisfazer o usuário.

B. Objetivos
C. Hipóteses

Problema	Objetivo geral
• A mulher tem percepção do aspecto "saudável" da *lingerie* sem costura?	Analisar o nível de conhecimento sobre os benefícios da *lingerie* sem costura.
Hipóteses	**Objetivos específicos**
1. Não. É utilizada somente pelo benefício de não marcar a roupa.	• Uso • Razões de uso • Freqüência de uso • Ocasiões de uso • Conhecimento e avaliação dos benefícios (não desbota, não amassa, dispensa ferro de passar, toque macio do tecido, adaptação da peça)
2. Não. A associação ao aspecto "saudável" é inexistente.	• Conhecimento das conseqüências do uso do sutiã apertado (cefaléia, dificuldade de raciocínio, prejuízo respiratório, displasia mamária)
3. Sim. Mas a maior preocupação é com a sedução.	• Conceito de *lingerie* • Motivação de compra e consumo • Preocupação com a *lingerie*. • Preferência por modelos, tecidos, cores, modelagem, fios

D. Como serão utilizadas as informações

Os resultados serão utilizados para definir ações de marketing e mais especificamente de comunicação, que abordem melhor as necessidades e desejos da consumidora.

2. Especificações do estudo

2.1 Pesquisa quantitativa:

A. Método de coleta de dados (como serão obtidas as informações)

Pesquisa quantitativa porque o objetivo principal é descrever características de compra e consumo, respondendo à questão "Quanto" para cada objetivo proposto.

- Quantas conhecem o produto, os benefícios?
- Quantas consideram os benefícios importantes?
- Quantas usam?
- Em que quantidade usam?
- Quantas estariam predispostas a usar?

Entrevistas domiciliares por meio de questionário estruturado.

B. Universo a ser pesquisado

O universo de investigação será constituído por mulheres das classes A, B e C (Critério Brasil), entre 15 e 55 anos, na cidade de São Paulo, usuárias de *lingerie* sem costura (pelo menos uma peça).

C. Tamanho da amostra

O universo será constituído por uma amostra de quatrocentas mulheres. Considerando um universo superior a 100 mil mulheres na cidade de São Paulo, teríamos 5% de margem de erro (ver tabela 5.1, p.70).

D. Método de seleção da amostra

Utilizaremos a amostragem estratificada por estágios múltiplos.

Material final

O relatório será entregue ao cliente em duas vias e conterá a proposta inicial, tabelas, gráficos, análise e conclusões do resultado.

Será realizada uma apresentação verbal antes da formalização do relatório.

Área geográfica: São Paulo – Capital.

Cronograma

- Início do campo (1º a 30 de agosto)
- Tabulação (1º a 10 de setembro)
- Análise, conclusões, recomendações (11 a 25 de setembro)
- Apresentação oral (26 de setembro)
- Relatório final (3 de outubro)

Empresas subcontratadas

Não haverá.

Responsabilidades

O cliente será responsável pela entrega de fotos do produto, bem como pela amostra de tecidos.

Orçamento

O custo será de R$ 30.000,00 (50% na aprovação do projeto e 50% na apresentação oral).

Capítulo

8 Questionário da Pesquisa Quantitativa

O questionário é o canal de comunicação entre o pesquisador e o pesquisado, o documento em que serão registradas todas as questões relacionadas no projeto de pesquisa e as respostas dos entrevistados.

Se o projeto estiver bem elaborado e os objetivos específicos bem definidos, não haverá dúvidas quanto ao conteúdo das questões, pois o objetivo já foi definido e a direção já foi dada, ficando agora somente decidir o tipo de questão mais apropriado para abordar aquele tópico, ou seja, a técnica.

Mais adiante colocamos a síntese de um projeto sobre café solúvel e o exemplo de um questionário, relacionando cada bloco de questões a hipóteses e objetivos, para que você tenha uma visão clara de onde saíram aquelas perguntas e porque estão ali.

O questionário deve ser estruturado com base nos objetivos específicos.

Tecnicamente falando, observe os seguintes pontos na elaboração:

- Escreva uma introdução que permita ao entrevistado entender o objetivo da pesquisa e solicite gentilmente a sua colaboração;
- Coloque os dados pessoais e aqueles relacionados às variáveis da pesquisa: nome, endereço, telefone, idade, sexo, estado civil, filhos, profissão etc.;
- Coloque a tabela do Critério Brasil para identificação da classe social;
- Deixe um espaço para verificação e crítica do instituto;
- Divida o questionário por tópicos, tendo o cuidado de estes obedecerem a uma estrutura lógica e de fácil percepção (veja como foi dividido o do café solúvel);
- Elabore questões claras e específicas;
- Use uma linguagem que seja facilmente compreendida por todos os entrevistados;
- Varie o tipo de questões para evitar confusão e irritação do entrevistado;
- Cada pergunta deve ser concreta e específica e permitir uma resposta também concreta.

Principais erros a evitar:

- Não faça um questionário extenso. Imagine se você responderia se fosse o entrevistado;
- Não faça questões longas e complicadas;
- Não coloque questões que forcem o entrevistado a adivinhar a resposta;
- Não utilize questões que possam induzir o entrevistado a responder o que você deseja;
- Não inclua duas perguntas em uma;
- De preferência, não utilize questões com "e" ou "ou". Elas podem ser, na verdade, duas questões diferentes;
- Não faça perguntas que gerem constrangimentos, obriguem o entrevistado a fazer cálculos ou pensar em fatos do passado.

Não esqueça de realizar o pré-teste do questionário para avaliar a compreensão, necessidade e organização das questões.

Aberta

Exemplo: Qual sua opinião sobre automóvel 0 km?

Definição

Resposta dada com as palavras do entrevistado.

Vantagens

- Permite aprofundar idéias.
- Permite livre expressão do pensamento.
- Permite conhecer o vocabulário do entrevistado.

Desvantagens

- Tempo de espera para resposta.
- Dificuldade em tabular, codificar.
- Dificuldade do entrevistador em registrar tudo o que foi dito.
- Possibilidade de haver interpretação do entrevistador.

Dicotômica

Exemplo: Já adquiriu algum automóvel 0 km?

1. sim ( )   2. não ( )   3. não lembro ( )

Definição

Apenas duas opções de respostas (gosto / não gosto). Podemos incluir também a alternativa não sei / não tenho opinião.

Vantagens

- Boa para perguntas que necessitam de respostas objetivas.
- Fácil e rápida para aplicar, processar, analisar.
- Não cansa o entrevistado.
- Não é tendenciosa.

Desvantagens

- Pode apresentar erro de medição se o assunto não for tão objetivo quanto se espera.
- Se a pergunta não for redigida de forma precisa, a resposta fica suscetível a erros.

Múltipla escolha

Exemplo: Quais as suas atividades diárias?

( ) Preparo a comida   ( ) Trabalho fora

( ) Limpo a casa   ( ) Faço compras

( ) Administro a empregada   ( ) Outras. Quais:_____

( ) Dirijo para os filhos

Definição

Quando o tema sugere várias opções de resposta.

Vantagens

- Facilidade de o entrevistado identificar uma alternativa que represente sua resposta, sem ter de ficar explicando detalhadamente o assunto.
- Fácil e rápida para aplicar, processar, analisar.
- Não cansa o entrevistado.

Desvantagens

- Dificuldade em elaborar todas as opções de resposta.
- Muitas vezes, o item "outros" não é suficiente.

Ordenação

Exemplo: Enumere por ordem de importância quais atributos você considera mais importantes em uma oficina mecânica

( ) Preço   ( ) Garantia

( ) Agilidade   ( ) Ambiente

( ) Qualidade   ( ) Pagamento

( ) Atendimento   ( ) Tradição

Definição

Sugere diversas opções de resposta em ordem de prioridade. Deve ser apresentado em cartão tipo baralho ou rotativo para que a ordem das alternativas não interfira nas respostas.

Vantagens

- Quando se deseja obter ordenamento das preferências, opiniões, atitudes e percepções dos consumidores.

Desvantagens

- Dificuldade em elaborar respostas que realmente cubram todas as possibilidades de expressão dos entrevistados.
- Dificuldade de o entrevistado estabelecer prioridade com mais de cinco itens.

Escala de concordância (Likert)

Exemplo: Indique o seu nível de concordância de acordo com a frase:

Essa propaganda parece que foi feita para mim.

( ) Concordo totalmente   ( ) Concordo parcialmente
( ) Nem concordo nem discordo   ( ) Discordo parcialmente
( ) Discordo totalmente

Definição

Os entrevistados são solicitados a indicarem qual o seu nível de concordância ou discordância numa escala de 5 pontos.

Vantagens

- É mais flexível.
- Não direciona tanto o entrevistado.

Desvantagens

- É complexa.
- É difícil analisar com exatidão o que seria "concordar" em parte ou "discordar em parte".
- Se não for bem redigida, fica suscetível a erros.

Escala de diferencial semântico

Exemplo: Com relação a pratos prontos congelados, qual a sua opinião sobre os seguintes atributos:

Natural	__	__	__	__	__	Artificial
Saboroso	__	__	__	__	__	Sem sabor
Saudável	__	__	__	__	__	Faz mal à saúde

Definição

Avalia determinado objeto num conjunto de escalas bipolares de 5 a 7 pontos.

Vantagens

- Fácil de ser construída, aplicada e analisada.

Desvantagens

- Dependendo do número de adjetivos, pode ser cansativa e levar o entrevistado a não optar com segurança;
- É difícil interpretar as classificações médias, já que as diferenças entre 1 e 2 podem ser pequenas e entre 2 e 3 bastante grandes.

Escala de lembrança de marca

Exemplo: Quando eu falo em refrigerante, qual marca lhe vem em primeiro lugar à cabeça? _____

Lembra-se de outras? 2º_____ 3º _____

88 • PESQUISA DE MARKETING

Definição

Avalia o *top of mind*, muitas vezes determinante da compra de produtos e imagem da marca.

Vantagens

- É de simples construção.

Desvantagens

- Restrita à lembrança.

Escala itenizada

Exemplo: Qual seu nível de satisfação quanto à alimentação de sua família?

( ) Totalmente satisfeito
( ) Parcialmente satisfeito
( ) Parcialmente insatisfeito
( ) Totalmente insatisfeito

Qual a importância de um deputado federal para São Paulo?

( ) Muito importante
( ) Importante
( ) Pouco importante
( ) Nada importante

Definição

- Avalia o nível de satisfação com produtos e marcas.

Vantagens

- Avalia o emocional de forma objetiva.

Desvantagens

- Não explica as causas.

Exemplo de questionário baseado nos objetos específicos

▼ Case Café Solúvel

Síntese do problema de marketing

O café solúvel, apesar de suas inúmeras vantagens (preparo simples e instantâneo; alto rendimento; ausência de resíduos; facilidade de estocagem; longo prazo de conservação; garantia de qualidade), ainda não é o preferido pelo consumidor.

O consumo *per capita* no Brasil, considerando-se uma população de 176 milhões de habitantes, é de 443 xícaras do torrado e moído e 34 xícaras do solúvel, ou seja, das 477 xícaras, só 10% é de café solúvel.

Problema: Quais seriam os fatores que impedem um maior consumo?

Objetivo geral: Identificar os fatores do baixo consumo.

Hipóteses	Objetivos específicos
Preferência pelo café em pó	• Café consumido habitualmente • Importância do café • Horário de consumo • Xícaras consumidas diariamente • Pessoas que consomem em casa • Experiência com café solúvel • Comparação entre os dois
Imagem de dona de casa não muito eficiente, preguiçosa	• Perfil psicológico da mulher
Falta de identificação com a propaganda	• Lembrança • Descrição • Opinião • Credibilidade • Empatia

> **Hipótese:** preferência pelo café em pó (cheiro e sabor)

> **Objetivo:** avaliar café em pó *versus* café solúvel

1. Que tipo de café você e sua família consomem habitualmente?

☐ Em pó   ☐ Solúvel   ☐ Os dois   ☐ Nenhum. Encerre.

90 • PESQUISA DE MARKETING

2. Em que locais você consome café?

	Solúvel	Em pó
Ambiente de trabalho	☐	☐
Em casa	☐	☐
Bar / cafeteria	☐	☐
Restaurante	☐	☐
Casa dos amigos	☐	☐
Praia	☐	☐
Campo	☐	☐

3. Qual a importância do café no dia-a-dia de sua família?

	Solúvel	Em pó
Muito importante	☐	☐
Importante	☐	☐
Pouco importante	☐	☐
Nada importante	☐	☐

4. Em que horário sua família toma café habitualmente?

	Solúvel	Em pó
Antes das 7 horas	☐	☐
Entre 7 e 9 horas	☐	☐
Entre 10 e 11 horas	☐	☐
Entre 12 e 14 horas	☐	☐
Entre 15 e 17 horas	☐	☐
Entre 18 e 20 horas	☐	☐
Após as 20 horas	☐	☐

5. Em média, quantas xícaras de café (puro ou com leite) são consumidas por dia em sua casa?

☐ Até 6 xícaras ☐ De 7 a 12 xícaras ☐ Mais de 12 xícaras

6. Quem consome café na sua casa?

	Solúvel	Em Pó
Mulher	☐	☐
Marido	☐	☐
Filhos: até 10 anos	☐	☐
Filhos: 11 a 17 anos	☐	☐
Filhos: mais de 18 anos	☐	☐
Empregada doméstica	☐	☐

7. Quando recebe visitas, que tipo de café prefere servir?

☐ Café em pó. Por quê?

_____

☐ Café solúvel. Por quê?

_____

➤ somente para quem não consome café solúvel

8. Já experimentou café solúvel?

☐ Sim. Por que parou de tomar?

_____

☐ Não. Por que nunca experimentou?

_____

➤ somente para quem consome os dois tipos

9. Por que consome os dois tipos de café?

_____

92 • PESQUISA DE MARKETING

➤ **para todos**

10. Estabeleça alguma diferença entre os dois tipos de café? Quais?

_____

_____

_____

_____

11. Qual café prefere?

☐ Café em pó. Por quê?

_____

_____

☐ Café solúvel. Por quê?

_____

_____

12. Enumere de 1 a 10 as características que considera mais importantes na compra de café.

	Solúvel	Em pó
Sabor	☐	☐
Cor	☐	☐
Cheiro/aroma	☐	☐
Rendimento	☐	☐
Preço	☐	☐
Embalagem	☐	☐
Facilidade de guardar no armário	☐	☐
Facilidade de preparo	☐	☐
Tradição	☐	☐
Preferência da família	☐	☐

13. Avalie seu grau de satisfação com o café que consome (1 a 5) (Muito satisfeito / Satisfeito / Mais ou menos satisfeito / Pouco satisfeito / Nada satisfeito)

	Solúvel	Em pó
Sabor	☐	☐
Cor	☐	☐
Cheiro/aroma	☐	☐
Rendimento	☐	☐
Preço	☐	☐
Embalagem	☐	☐
Facilidade de guardar no armário	☐	☐
Facilidade de preparo	☐	☐
Tradição	☐	☐
Preferência da família	☐	☐

Hipótese: dona de casa não muito eficiente / preguiçosa)

Objetivo: avaliar perfil da consumidora

14. Quais destas características combinam com a consumidora de café em pó e solúvel?

	Solúvel	Em pó
Sincera	☐	☐
Amigável	☐	☐
Dinâmica	☐	☐
Distante	☐	☐
Destacada	☐	☐
Preguiçosa	☐	☐
Autêntica	☐	☐

	Solúvel	Em pó
Inovadora	☐	☐
Companheira	☐	☐
Eficiente	☐	☐
Divertida	☐	☐
Conservadora	☐	☐
De prestígio	☐	☐
Dedicada	☐	☐
Tem estilo	☐	☐
Dispensável	☐	☐
Atualizada	☐	☐
Tradicional	☐	☐
Despreocupada	☐	☐
Superficial	☐	☐
Inteligente	☐	☐

> **Hipótese:** não-identificação com a propaganda

> **Objetivo:** analisar a propaganda

15. Lembra-se de ter visto alguma propaganda de café?

☐ Não. **Encerre**

☐ Sim – Solúvel. Marca: _____

☐ Sim – Em pó. Marca: _____

16. Diga tudo o que viu e ouviu nessa propaganda.

_____

17. Em sua opinião, o que essa propaganda quis dizer sobre o produto?

_____

18. Existe alguma coisa que considere difícil de acreditar?

☐ Não.

☐ Sim. O quê? _____

19. Gostou da propaganda?

☐ Não.

☐ Sim. Do quê? _____

Orientações para o Trabalho de Campo

Após a aprovação do questionário, inicia-se a fase do trabalho de campo.

- Empresa que realizará a coleta (equipe própria ou terceirizada).
- Local onde as entrevistas serão realizadas (estado, cidade, zona, bairro, domicílios ou em pontos de grande concentração).
- Quantidade de entrevistadores e supervisores (nível de qualificação).
- Treinamento do pessoal envolvido (instruções, leitura do questionário, dúvidas).
- O entrevistador solicita a participação do entrevistado, caso a resposta seja afirmativa, inicia as perguntas exatamente como foram redigidas. Faz as anotações com as palavras do próprio entrevistado, para evitar problemas de interpretação.
- O supervisor de campo deverá verificar as entrevistas conforme forem realizadas: avaliar qualidade, esclarecer dúvidas, checar a produção do entrevistador, acompanhar e controlar o cumprimento de cotas.
- O crítico deverá ler todos os questionários aplicados, verificando a coerência, o preenchimento e a consistência das respostas.
- É comum que o instituto faça uma verificação de, pelo menos, 20% de todo o material da pesquisa. A verificação pode ser feita por meio de visita pessoal (revisita), *in loco* ou por telefone. (Guia do usuário de Pesquisa. Revisão 1997-1998. ABA.)

Capítulo

9 Avaliação dos Resultados da Pesquisa Quantitativa

1. Etapas

Para transformar os dados coletados em informações, os pesquisadores precisam ANALISAR e INTERPRETAR os dados. Quando os dados são registrados em um questionário, o pesquisador examina cada questionário para assegurar-se de que ele foi preenchido completa e adequadamente. Então, o pesquisador CODIFICA os dados, para que em seguida eles sejam TABULADOS.

Os dados coletados em projetos quantitativos são sempre tabulados e avaliados no sentido de se verificar o nível de coerência dos dados entre si. Essas tarefas envolvem as seguintes etapas:

Codificação: consiste na leitura dos questionários e codificação das questões abertas.

Tabulação: significa que o número de respostas a cada questão será contado. A tabulação pode ser feita manual ou eletronicamente.

Análise e interpretação: consiste na leitura analítica pormenorizada de todas as áreas investigadas. Em suma, é a passagem do estágio de **dado** para o estágio de **informação**. O pesquisador retoma a finalidade da pesquisa. Torna-se necessário determinar o que os dados significam, fornecendo as respostas que originaram todo o processo.

2. Tipos de tabulação

Tabulação simples

1. Conte o número de respostas para cada alternativa mencionada (este número é indicado na tabela como N.A. — Número Absoluto; alguns autores indicam como "f" — freqüência com que as respostas ocorreram).

98 • PESQUISA DE MARKETING

2. Calcule o percentual. A porcentagem das alternativas é feita tendo por base o total de entrevistados respondentes.
3. Monte a tabela com os números absolutos e os percentuais (N.A. – %).
4. Mencione sempre o total de pessoas entrevistadas, indicando-as pela palavra "Base".
5. Neste tipo de questão, o entrevistado só pode dar uma resposta; portanto, o número de respostas sempre será igual ao número de entrevistas. A soma dos percentuais sempre dará 100% (no máximo 101, ou 99% em função dos arredondamentos).
6. Indique que a resposta é única: R.U.

Exemplo – Sorveteria – Amostra: 300 entrevistados

Tabela 9.1 Sexo

Base	(300)	
	N.A.	%
Masculino	138	46
Feminino	162	54
	300	100
R.U.		

Tabela 9.2 Faixa etária

Base	(300)	
	N.A.	%
14 a 17 anos	40	13
18 a 25 anos	143	48
26 a 35 anos	81	27
36 a 45 anos	24	8
+ de 45 anos	12	4
	300	100
R.U.		

Tabela 9.3 Grau de instrução

Base	(300)	
	N.A.	%
Ensino fundamental	17	6
Ensino médio	95	32
Superior	175	58
Pós-graduação	13	4
	300	100
R.U.		

Tabela 9.4 Classe socioeconômica

Base	(300)	
	N.A.	%
Classe A	170	57
Classe B	106	35
Classe C	24	8
	300	100
R.U.		

Análise

O público desta sorveteria como um todo pode ser considerado de nível elevado, observado pela predominância da classe A (57%) e pelo alto grau de escolaridade, já que, a maioria, possui instrução superior (58%). É essencialmente jovem, pois 61% possuem menos de 25 anos. A maior concentração se dá entre 18 e 25 anos. Existe um equilíbrio entre os sexos masculino e feminino.

Tabulação com respostas múltiplas

1. Siga os mesmos primeiros quatro passos indicados na tabulação simples.
2. ATENÇÃO: Neste tipo de questão o entrevistado pode indicar mais do que uma alternativa como resposta. PORTANTO, o número de respostas não será igual ao número de entrevistas. E a soma dos percentuais das respostas sempre dará mais do que 100%. NÃO HÁ PROBLEMAS. É ASSIM MESMO!

   A porcentagem das alternativas continuará sendo feita tendo por base o total de entrevistados respondentes.
3. Indique que a resposta é MÚLTIPLA: R.M.

   No caso de questão aberta:

1. É necessário codificar antes de tabular;
2. Analise criteriosamente o significado, a idéia, a motivação, a necessidade que está em cada frase;
3. Agrupe as palavras que forem sinônimas ou representem o mesmo conteúdo de significados e considere as que aparecem com maior freqüência;
4 Escolha uma palavra-chave para indicar a resposta principal.
5. A seguir, acrescente os sinônimos que os entrevistados usam para explicar a palavra (sorvete) e que aparecem com maior freqüência.

   Exemplo: SORVETE: gostoso / maravilhoso / sensacional / original etc. (ver tabela)

   A questão aberta é uma questão de exploração e é feita com o objetivo de conhecer melhor as idéias que existem na mente do consumidor;
6. Agrupe as frases que não têm significado estatístico ou que forem mencionadas por poucas pessoas (menos de 5%) e coloque no item "outros".

100 • PESQUISA DE MARKETING

Tabulação com respostas múltiplas

Tabela 9.5 Razões de ida à sorveteria

Base	(300)	
	N.A.	%
Sorvete: gostoso / maravilhoso / perfeito / sensacional / original / diferente / o melhor do mundo	269	90
Lugar: gostoso / agradável / bonito / alegre / jovem	100	33
Público: jovem / bonito / alegre / divertido / ponto de encontro com amigos / paquera / gosto do pessoal que freqüenta a casa	96	32
Localização: boa / fácil acesso / central	93	31
Atendimento: bom / amigo / simpático / alegre / eficiente / rápido	64	21
Cardápio: além de sorvete serve pratos / sanduíches	54	18
Outros: bons preços / fácil estacionamento / boa segurança / tem sempre novidades	18	6
	694	231
R. M.		

Análise

O sorvete é efetivamente caracterizado como o ponto alto (90%), não só por ser o mais mencionado, mas porque os adjetivos utilizados para descrevê-lo o colocam em posição de destaque e com nível superior ao da concorrência. *Lugar, público* e *localização* vêm juntos, em segundo plano, com média de 32% cada. *Atendimento* desponta em terceiro lugar com 21%. Tanto no quesito *lugar* como *público* e *atendimento*, adjetivos como alegre, jovem e bonito aparecem com freqüência, mostrando a importância da identificação dos entrevistados com seu grupo de referência: jovens bonitos e alegres. Ter no cardápio itens além de sorvete é importante para 18%.

Tabulação com escalas de diferenciais e ordem de preferência

1. Conte o número de respostas para cada alternativa mencionada.
2. Atribua peso para cada alternativa da escala.

Exemplo 1	
Concordo totalmente	(5)
Concordo em parte	(4)
Nem concordo nem discordo	(3)
Discordo em parte	(2)
Discordo totalmente	(1)

Exemplo 2	
1º lugar	(5)
2º lugar	(4)
3º lugar	(3)
4º lugar	(2)
5º lugar	(1)

AVALIAÇÃO DOS RESULTADOS DA PESQUISA QUANTITATIVA • 101

3. Multiplique o número de respostas pelo peso atribuído.
4. Some todos os subtotais e encontre a resposta.
5. No caso da média ponderada, o total será dividido pelo número de entrevistas.
6. Indique se a resposta é múltipla ou única (R.M. ou R.U.).

Enumere por ordem de importância os aspectos que mais valoriza em uma loja de moda jovem

Tabela 9.6 Aspectos que mais valoriza um uma loja de moda

Base: 250						
	1º	2º	3º	4º	5º	
	(5)	(4)	(3)	(2)	(1)	
Preço	20	18	5	4	3	$100+72+15+8+3 = 198$
Bom atendimento	19	16	5	4	1	$95+64+15+8+1 = 183$
Roupas de qualidade	3	9	17	6	6	$15+36+51+12+6 = 120$
Roupas diversificadas	5	5	1	13	7	$25+20+3+26+7 = 81$
Roupas bonitas/atraentes	–	2	6	5	12	$8+18+10+12 = 48$
Decoração bonita	–	–	7	3	5	$21+6+5 = 32$
Roupas da moda	–	1	4	5	3	$4+12+10+3 = 29$
Roupas com bom caimento	–	–	2	1	5	$6+2+5 = 13$
Localização	–	–	–	4	5	$8+5 = 13$
Facilidade de pagamento	–	–	3	2		$9+4+0 = 13$
Limpeza	1	–	–	–	–	$5+0+0+0+0 = 5$
Estacionamento	–	–	–	–	–	$2 = 2$
Facilidade de circulação	–	–	–	1	–	$2+0 = 2$
Disposição de prateleiras e balcão	–	–	–	1	–	$2+0 = 2$
R.M.						

Análise

Os aspectos mais valorizados em uma loja de moda jovem são:

1º preço;
2º atendimento;
3º qualidade;
4º roupas diversificadas;
5º roupas bonitas e atraentes;
6º decoração bonita;
7º roupas da moda.

102 • PESQUISA DE MARKETING

Por se tratar de um público da classe C, é natural que o preço seja priorizado. Entretanto, os consumidores não abrem mão do produto, da qualidade, da beleza e da diversificação.

É importante destacar que esse público tem, cada vez mais, adotado postura semelhante à da classe A.

São importantes também, na hora de comprar, o ambiente social (vendedor e atendimento) e o ambiente físico (decoração).

Indique o seu nível de concordância com as frases seguintes:

Tabela 9.7 Grau de concordância

N.A. /Base = 50	CT	CP	NCND	DP	DT	PTS	Média
	(5)	(4)	(3)	(2)	(1)		(PTS/50)
É necessário dar muitas voltas para chegar a essa loja. O acesso é complicado.	2	3	2	9	34	80	1,6
As prateleiras e os balcões estão dispostos de maneira que facilitam as compras.	47	1	1	1	–	244	4,9
É difícil circular internamente nesta loja.	3	6	2	3	36	87	1,7
O atendimento não é nenhum modelo de eficiência e cordialidade.	–	–	3	3	44	59	1,2
A decoração é feia e desajeitada.	1	2	–	3	44	63	1,3
É gostoso vir a essa loja porque está sempre muito limpa.	45	3	1	1	–	242	4,8
Uma das grandes vantagens é a facilidade para estacionar.	40	1	6	3	–	228	4,6
Os preços são bastante convidativos.	46	4	–	–	–	246	4,9

Análise

A loja em análise goza de uma imagem extremamente positiva em todos os aspectos.

As frases positivas indicam média em torno de 4,8, bem próxima à média máxima de 5,0, revelando total concordância dos entrevistados. As frases negativas indicam média de 1,5, bem próxima à média mínima, revelando a discordância dos entrevistados.

Essa favorabilidade cresce e ganha força à medida que vai ao encontro dos aspectos que o público mais valoriza em uma loja de roupas.

Tabulação considerando diferentes variáveis do estudo

Muitas vezes, temos de fazer uma análise considerando as diferenças entre sexo, faixa etária, classe social, localização etc. Essa necessidade deverá ser indicada no projeto.

A tabulação deve ser feita primeiro separadamente, variável por variável — seguindo todos os passos da tabulação anteriormente explicada — e só depois devem ser indicados os totais gerais.

Tabela 9.8 Perfil do consumidor de loja de moda jovem

	Total		BR	CN	GUA	INT	SAND
Base	(250)		(50)	(50)	(50)	(50)	(50)
Sexo	N.A.	%	%	%	%	%	%
Feminino	183	73	74	84	68	62	78
Masculino	67	27	26	16	32	38	22
Grau de instrução							
Ensino médio	111	44	34	32	54	46	56
Superior	93	37	50	44	36	30	26
Ensino fundamental	40	16	10	22	8	22	18
Faixa etária							
Menos de 15 anos	4	2	-	4	-	4	-
15 a 20 anos	92	37	24	30	36	36	56
21 a 25 anos	41	16	26	8	14	12	22
26 a 30 anos	32	13	16	10	10	20	8
31 a 40 anos	48	19	18	32	22	18	6
+ de 40 anos	33	13	16	16	18	8	8

Legenda: BRO = Brooklin;
CN = Center Norte;
GUA = Guarujá;
INT = Interlagos;
SAND = Santo André.

3. Dicas para a construção de gráficos

Dica 1: Requisitos para dados estatísticos:

- *simplicidade*: deve trazer o essencial para sua leitura e ser destituído de desenhos / enfeites que possam desviar a atenção do leitor;
- *clareza*: possibilitar a leitura correta dos valores representativos do trabalho exposto;
- *veracidade*: expressar a verdade sobre os dados representados. É necessário verificar os cálculos, os pontos e linhas de representação gráfica.

Dica 2: Um gráfico deve conter:

- título: na parte superior do quadro e em seguida a um subtítulo;
- legenda;
- fonte;
- identificação dos eixos X e Y (abscissa e ordenada). Ex.: porcentagem, quantidade.

Dica 3: Quando se utilizam vários gráficos para representar um mesmo tema ou conclusão de um relatório, é recomendável usar sempre a mesma escala.

Gráfico de Pizza

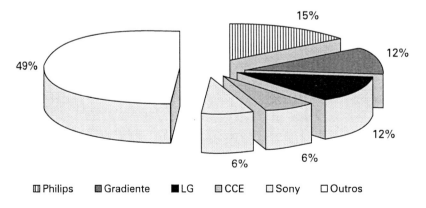

Gráfico 9.1 Lembrança de marca de aparelhos eletrônicos. Fonte: Folha Top Of Mind 2006.

Gráfico de Colunas

Posse de bens e serviços em domicílios, segundo idade dos responsáveis pela compra.

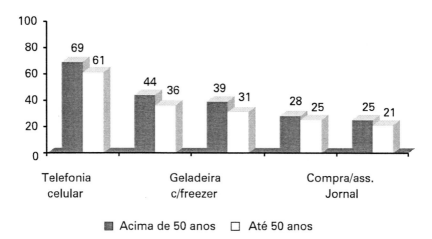

Gráfico 9.2 Posse de bens e serviços em domicílios, segundo idade dos responsáveis pela compra.
Fonte: AC Nielsen L Homescan.

Gráfico de Barras

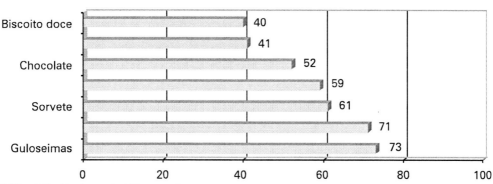

Gráfico 9.3 Produtos adquiridos por crianças.
Fonte: Kiddo's.

4. Orientações para a análise de dados

- Faça uma leitura analítica e detalhada de questão por questão, depois estabeleça a relação entre elas.
- Destaque os pontos relevantes, tendo sempre em vista o objetivo da pesquisa.
- Quando analisar dados percentuais, comece sempre pelo total e depois analise as diferenças entre as variáveis estudadas (classe social, sexo, idade etc.).
- Descreva primeiramente as maiores porcentagens, pois elas representam o foco principal da questão estudada e, posteriormente, se necessário, cite os percentuais menos significativos.

5. Apresentação dos resultados

É importante fazer uma apresentação oral dos resultados da pesquisa, para familiarizar novamente o cliente com o projeto e as descobertas e, principalmente, destacar as conclusões da pesquisa. É o momento de esclarecer dúvidas.

- Volte a proposta inicial e descreva novamente o histórico, o problema, as hipóteses, os objetivos gerais e específicos, a metodologia e a amostra.
- Descreva o trabalho de campo, a data e o local em que foi efetuado.
- Elabore um resumo executivo com os principais resultados, conclusões e recomendações. Volte às hipóteses e responda cada uma delas.
- Análise e interpretação dos resultados: Este é o capítulo mais completo do relatório. É uma apresentação detalhada de todas as descobertas da pesquisa.
- Tabelas expositivas e gráficos.
- Anexo: questionário, material de suporte.
- Relatório escrito: documento oficial e final da pesquisa.

Capítulo

10 Roteiro da Pesquisa Qualitativa

Como vimos anteriormente no Capítulo 5, a pesquisa qualitativa refere-se às causas do comportamento das pessoas, com a pergunta "por quê"?

Procura-se relacionar o comportamento aos motivos, desejos e ações subjacentes. Diz respeito a descobrir como o produto é visto pelo consumidor, como este o vê (auto-imagem) e como visualiza o produto (imagem do produto).

As reações emocionais merecem um estudo cuidadoso. Por isso, usamos nesta pesquisa um roteiro semi-estruturado para que os entrevistados possam expor suas idéias livremente. (CHISNALL, 1980, p. 274)

Assim como o questionário, o roteiro deriva da formulação do problema de pesquisa e de suas respectivas hipóteses. Esse roteiro é um esboço organizado das áreas que serão abordadas, é o canal de comunicação entre o entrevistador (moderador) e o entrevistado ou grupo de entrevistados, e tudo o que o moderador dispõe para conduzir a reunião.

As principais etapas de um roteiro são:

- Aquecimento (com auto-apresentação do moderador e dos participantes, apresentação da sala, equipamentos, equipe de apoio, duração prevista).
- Abordagem geral do tema.
- Abordagem do principal objetivo da pesquisa.
- Encerramento.

Para que o respondente consiga revelar seus sentimentos e tenha oportunidade de expressar suas atitudes sem embaraço ou bloqueio ou, ainda, escolha aquilo que considera adequado dizer, podemos lançar mão neste roteiro de algumas técnicas projetivas.

Por técnica projetiva entendemos uma situação dirigida, porém não padronizada com um teste, em que o indivíduo ou grupo é convidado a falar sobre si mesmo ou sobre circunstâncias que o cercam, a partir de uma situação ou pessoa hipotética, evitando, assim, falar diretamente de temas constrangedores ou que, de alguma forma, estariam sujeitos aos mecanismos de defesa. O termo projetivo deriva do conceito de "projeção", que, em sentido psicanalítico, indica a operação pela qual o indivíduo ou o grupo, expulsa de si e localiza no outro — que pode ser uma pessoa ou objeto — qualidades, sentimentos ou desejos que desdenha ou recusa reconhecer em si. (AAKER, 2001, p. 217)

A seguir, citamos alguns exemplos somente como ilustração para que você possa ter uma idéia mais concreta do que estamos falando. Entretanto, para que esses exemplos retratem a realidade, eles precisariam ser combinados com outras técnicas de acordo com o tipo de problema em discussão.

Colagem

A colagem consiste em entregar a um respondente ou a um grupo de respondentes várias revistas, cartolina e cola e fornecer-lhe um tema para que seja representado pela colagem dos recortes do material fornecido.

Parte-se do pressuposto de que a forma e a criatividade apresentadas dizem muito a respeito da personalidade do indivíduo ou do grupo.

Fotografia ou descrição antropomórfica

Esta técnica é baseada na idéia de que todos os produtos possuem algo de particular, além de seus atributos e funções, que os coloca à parte dos demais na mente do consumidor, e que é denominado "personalidade de marca". A personalidade de marca consiste nas emoções e percepções que o consumidor tem ao relacionar-se com o produto. (YOUNG & RUBICAN)

Como essa técnica é baseada na idéia de que as pessoas se relacionam com os produtos, como se estes fossem também pessoas, tenta-se estabelecer as possíveis relações de duas formas:

- na primeira, os consumidores são levados a descrever a marca como se fosse uma pessoa (descrição antropomórfica);
- na segunda, o entrevistado recebe um conjunto de fotos de pessoas pré-selecionadas (ou revistas) e é solicitado a ele escolher e dividir em blocos fotos que descrevam melhor o perfil do usuário da marca ou produto.

Teste de complementação de sentenças ou quadrinhos

O respondente recebe uma sentença na qual se conta o suficiente para focalizar sua atenção em determinado tópico. Em seguida, ele é convidado a contar a sua conclusão.

Na variação, o respondente pode receber quadrinhos que apresentem uma ou mais pessoas em uma situação particular e é solicitado a ele completar o quadrinho seguinte em função das situações observadas nos quadrinhos anteriores.

Exemplo de um roteiro com base nos objetivos específicos

▼ Case: Bolsa masculina

Síntese do problema de marketing

Segundo a ABIT, o segmento de moda masculina é um dos que mais tem crescido na cadeia têxtil e de confecção. Em 2000, o segmento faturava cerca de 8 bilhões de reais; já entre 2001 e 2002, mesmo com as turbulências dos mercados nacional e internacional houve aumento de 1,6 bilhão no faturamento, que chegou à casa dos 10 bilhões de reais no período. Tendo por base que o segmento de vestuário no Brasil fatura cerca de 27 bilhões, as vendas de roupas para homens já ultrapassam os 35% do mercado.

No segmento de acessórios masculinos, entretanto, a bolsa (parecida com a feminina) ainda não aparece como um produto relevante. O público masculino, muitas vezes, ainda carrega seus pertences e a carteira no bolso e até mesmo na bolsa das namoradas ou das esposas. Na França, pesquisas mostram que os homens já estão aderindo a esse produto.

A questão que se coloca é:

Em São Paulo, a bolsa pode vir a ser um acessório relevante para o público masculino, assim como roupas e cosméticos?

Problema	Objetivo geral
A bolsa pode vir a ser um acessório relevante para o consumidor masculino?	Analisar o grau de aceitação da bolsa masculina.
Hipóteses	**Objetivos específicos**
1. Não. A bolsa ainda é vista como um acessório essencialmente feminino.	• Visão do acessório bolsa. • Imagem do homem que usa bolsa.
2. Sim. Os homens, assim como a mulheres, precisam carregar muitas coisas.	• Objetos que um homem carrega. • Lugares onde os objetos são carregados (bolso, mão, bolsa da namorada, pasta, mochila). • Nível de satisfação com esses lugares. • Perda de objetos. • Interesse, motivação em ter uma bolsa.
3. Sim. Só falta uma bolsa que considerem masculina.	• Situações de uso. • Modelos, tamanhos preferidos e estilos. • Preferência por alguma marca. • Preocupação com tendência ou necessidade.

Roteiro

Aquecimento

1. Gostaria de agradecer a presença de vocês e dizer que a opinião de vocês é muito importante; por isso é que os fabricantes de hoje, quando querem lançar algum produto ou saber se estão atendendo às expectativas do consumidor, fazem pesquisa.
2. Provavelmente, vocês já tenham respondido a algum tipo de pesquisa na rua, em casa ou pelo telefone e o que nós vamos fazer aqui hoje é algo parecido. Só que teremos mais tempo e mais liberdade para expressar o nosso ponto de vista.
3. É importante que vocês saibam que não existe nem certo nem errado. Existe aquilo que vocês sentem, acreditam, pensam. Portanto, é importante que cada um expresse sua opinião sem preocupação.
4. Como vocês podem ver, aqui nós temos um espelho-espião, para que as pessoas que trabalham comigo possam me ajudar no trabalho, sem tumultuar esse nosso espaço.
5. As entrevistas estão sendo gravadas, somente para uso interno, para que eu consiga lembrar tudo o que disseram, depois que vocês forem embora.
6. Vou pedir a cada um falar na sua vez; do contrário, eu não conseguirei ouvir e nem o gravador registrará.
7. Creio que seja isso. Alguém tem alguma pergunta?

Apresentação

Gostaria agora de conhecer um pouco melhor vocês e acho que vocês também gostariam de se conhecer. Então vou propor que vocês se apresentem:

Proposta 1: Como se fossem uma cidade ou animal.

Proposta 2: Converse com a pessoa que está ao seu lado, pergunte quem ela é, o que faz, do que gosta. (Dar um tempo...). Agora apresente essa pessoa para o grupo.

Questões

> **Hipótese:** Não. A bolsa ainda é vista como um acessório essencialmente feminino.
> **Objetivo:** Visão do acessório bolsa. Imagem do homem que usa bolsa.

Para começar, quero saber das atitudes de vocês com respeito a roupa e acessórios:
- O que vocês acham que mudou no comportamento do homem nos últimos tempos?
- E em relação à maneira de se vestir, o que acham que mudou?
- Vocês se consideram receptivos a novidades?

- Que tipo de roupa usam?
- Por que utilizam esse tipo de roupa?
- Se preocupam com a roupa que usam?
- E acessórios? Acham importante usar acessórios?
- Que acessórios usam?
- Por que utilizam esses acessórios?

Técnica de colagem

Recortem tudo o que lhes vem à cabeça quando falo em bolsa masculina (exceto bolsa masculina).

> **Hipótese:** Os homens, assim como a mulheres, precisam carregar muitas coisas.
>
> **Objetivo:** Visão do acessório bolsa. Imagem do homem que usa bolsa.
> - Objetos que um homem carrega.
> - Lugares onde os objetos são carregados (bolso, mão, bolsa da namorada, pasta, mochila).
> - Nível de satisfação com esses lugares.
> - Perda de objetos.
> - Interesse e motivação em ter uma bolsa.

a. Vocês se sentem atraídos com a idéia de usar uma bolsa?
b. O que vocês acham de interessante nessa idéia?
c. Quantos de vocês têm bolsa?
d. Por que adquiriram essa bolsa?
e. Com que freqüência usam bolsa?
f. O que vocês acham de um homem que usa bolsa?
g. Que tipo de pertences pessoais um homem carrega no dia-a-dia?
h. Quem não usa bolsa, onde carrega esses objetos?
i. Por que carrega nesses lugares?
j. Estes lugares são adequados para carregá-los?
k. Já tiveram algum tipo de problema por carregá-los dessa maneira?
l. Por que não carregam numa bolsa?

> **Hipótese:** Sim. Só falta uma bolsa que considerem masculina.
>
> **Objetivo:**
> - Situações de uso.
> - Modelos, tamanhos preferidos e estilos.
> - Preferência por alguma marca.
> - Preocupação com tendência ou necessidade.

112 • PESQUISA DE MARKETING

a. Acham que a bolsa pode vir a ser um acessório importante para o homem?
b. Existe algo de que vocês particularmente gostem nessa idéia? E algo de que não gostem?
c. Vocês usariam? Em que ocasiões?
d. Que tipo de bolsa usariam? (Modelo, tamanho, estilo, cor, material etc.)
e. Que tipo de bolsa não usariam?
f. Acham importante ter vários modelos e marcas ou uma bolsa básica seria o suficiente?
g. Qual a probabilidade de vocês comprarem uma bolsa, ainda este mês?

Definição do grupo

a. O perfil do grupo deve ser especificado no projeto.
b. Na formação dos grupos é importante:
- selecionar pessoas com características demográficas, socioeconômicas e de estilo de vida homogêneas, para que haja identificação e integração entre os participantes;
- evitar que parentes, conhecidos ou amigos estejam no mesmo grupo, a fim de que os relacionamentos previamente existentes não predominem na discussão;
- não ter profissionais de marketing ou publicidade, por questão de sigilo e possibilidade de viés;
- os participantes não sejam informados de antemão sobre o tema a ser pesquisado, para não perderem a espontaneidade nas respostas.
c. Em condições normais, o tamanho do grupo deve ficar entre oito e dez pessoas. Se estivermos trabalhando com um perfil muito específico de público ou um tema técnico delicado, podemos utilizar minigrupos com quatro a cinco participantes.
  O número de participantes deve ser escolhido com cuidado para:
- manter o ritmo da discussão;
- cumprir o roteiro de forma satisfatória;
- ter um grupo dinâmico;
- contar com a participação de todos;
- não permitir que líderes dominem o grupo.

Recrutamento prévio

- O recrutador deve seguir as orientações contidas no *briefing*.
- A seleção dos participantes é feita por meio de um questionário-filtro estruturado que garante que o entrevistador preenche as exigências necessárias para participar do grupo.
- O fornecedor deve ser idôneo e checar as fichas no CRQ para garantir a qualidade do grupo.

- Após a realização dos grupos, as fichas devem ser enviadas ao CRQ para ser gerado um banco de dados e continuar a garantir a qualidade do grupo.
- O recrutador deve contatar um maior número de participantes, pois existem sempre aqueles "imprevistos de última hora e/ou arrependimento".

Sala

A reunião é realizada em salas especiais que possibilitem o acompanhamento da reunião pelos clientes através de espelhos *one-way*, bem como a gravação em áudio e vídeo para observação e análise posteriores.

Coquetel

Durante a reunião, são servidos salgadinhos e bebidas que caracterizam o clima de uma reunião agradável e descontraída.

Brinde e ajuda de custo

Os entrevistados recebem um brinde e uma ajuda de custo para a condução. É uma forma de agradecer a sua participação.

Crachás

Os entrevistados deverão usar um crachá com os nomes escritos em letras grandes para que possam ser chamados pelos nomes.

Em qualquer caso, o moderador deve ter os nomes dos participantes e chamá-los pelos nomes. Isso o ajudará, quando ouvir a gravação, a acompanhar a reação individual aos vários temas e também a entender melhor a dinâmica das respostas aos temas do estudo.

Orientações para o moderador

O entrevistador, no caso, chamado de moderador, tem um papel fundamental no desenvolvimento da discussão de grupo. Deverá ter conhecimento do projeto, do problema que está sendo investigado e total domínio do roteiro para poder aprofundar determinadas questões colocadas no grupo e deixar de lado outras que não tenham relação com os objetivos da pesquisa.

O conjunto de características de um moderador ideal compreende, entre outras:
- comunicabilidade;
- amabilidade;
- envolvimento;
- autocontrole;

PESQUISA DE MARKETING

- empatia;
- flexibilidade;
- sensibilidade.

Orientações para a condução da discussão

- Observe os entrevistados no começo da discussão. Identifique os que são extrovertidos e os mais tímidos, que necessitarão de estímulos. Tenha essas pessoas em mente à medida que a discussão se desenrola.
- O roteiro de discussão é um esboço organizado das áreas abordadas. Você não precisa seguir uma ordem preestabelecida, mas é fundamental que todas as áreas sejam cobertas.
- As áreas que não constam no roteiro podem ser abordadas desde que sejam pertinentes ao estudo, daí a importância do moderador estar totalmente envolvido com os objetivos do estudo.
- O moderador deve estabelecer um clima agradável e descontraído para que os entrevistados deixem a timidez e expressem sentimentos, idéias, opiniões e discordâncias sem medo de serem julgados.
- O moderador deve sempre colocar a questão ao grupo como um todo e esperar que algum entrevistado se manifeste. Não deve fazer perguntas individuais nem formular questões que possam ser respondidas com um simples sim ou não. Deve haver troca de opiniões entre os entrevistados o tempo todo.
- Algumas vezes, uma única pessoa lidera a discussão. Se alguém falar durante muito tempo e muito freqüentemente, o moderador deve ser firme e dizer: "Nós também estamos interessados em ouvir alguma outra opinião sobre o assunto" (virando-se para outro participante), "Diga-me... (nome), o que você acha sobre..."
- Mantenha a discussão dentro do tema.
- Ouça com atenção tudo aquilo que o entrevistado disser, olhe nos olhos e demonstre interesse. Não desvie o olhar. É importante ele saber que a sua opinião está sendo valorizada naquele momento. Isso permitirá que ele continue se manifestando.
- Não responda diretamente à pergunta do entrevistado. Devolva a questão (se for útil) e peça ao entrevistado que a responda. (Guia do usuário de Pesquisa. Revisão 1997-1998. ABA.)

Capítulo

11 Avaliação dos Resultados da Pesquisa Qualitativa

O método qualitativo oferece informações de natureza mais subjetiva e latente. Isso implica uma análise não só do discurso do entrevistado, como também de sua postura mais global diante das questões que lhe são colocadas.

A análise qualitativa é feita de maneira mais abrangente. Não existe a preocupação estatística.

O analista volta ao roteiro utilizado nas entrevistas, pois ele já sugere uma ordem prévia a ser seguida para se atingir os objetivos propostos.

Os relatórios seguem diversos padrões, dependendo da necessidade do cliente, do estilo de cada pesquisador e dos termos da proposta da pesquisa.

Roteiro para avaliação dos resultados da Pesquisa, Quantitativa:

1° Transcreva as reuniões a partir dos vídeos gravados.

2° Leia várias vezes as transcrições analisando o que os entrevistados disseram.

3° Assista às gravações dos vídeos para analisar as expressões faciais e tom de voz dos entrevistados.

4° Procure tendências comuns no padrão de resposta dentro do mesmo grupo. Você pode grifar as palavras e frases dos entrevistados, que se repetem e representam o conteúdo principal da resposta.

5° Repita esse procedimento em todos os grupos.

6° Compare o padrão de resposta.

7° Volte ao roteiro e procure encontrar respostas ali relacionadas. Nunca use percentuais, nem faça afirmativas taxativas. O mais comum é dizer: a maioria dos entrevistados tende a... a minoria dos entrevistados tende a... gostar do produto apresentado.

8° Ilustre os principais conceitos com as próprias palavras dos entrevistados (*verbatim*).

9° Discuta previamente os resultados com a equipe de trabalho e os demais profissionais envolvidos, pois isso facilita a conclusão do trabalho.

10° Elabore uma apresentação verbal com as principais idéias-chave obtidas com os grupos.

11° Volte às hipóteses e procure respondê-las.

12° Faça a apresentação verbal para o cliente e talvez a agência de propaganda. Eles farão várias colocações, apresentarão dúvidas e talvez até levantem algum ponto de análise que o pesquisador não tinha aprofundado e que eles, por estarem ligados mais diretamente ao assunto, acreditam que valha a pena considerar.

13° O pesquisador prepara o relatório escrito, que é a formalização de todo o projeto.

Exemplo de análise de discussão em grupo

1. Proposta do estudo

O objetivo do estudo consistiu em analisar as motivações e as atitudes das donas de casa da classe D em relação ao desinfetante, a fim de levantar subsídios para a campanha de comunicação publicitária. Foram realizadas quatro discussões em grupo (classe D, donas de casa entre 30 e 60 anos), na cidade de São Paulo, a partir de roteiro preestabelecido.

2. Resultados principais

A. O aspecto mais destacado no desinfetante e que funciona como sinalizador de limpeza é o perfume:

"Quando a casa está limpa, a gente sente aquele cheirinho gostoso."
(Mulher / classe D / 30 anos)

B. O conceito de desinfetar, matar bactérias, germes, micróbios, insetos é algo distante da realidade da dona de casa, abstrato demais, sem ligação imediata com o seu dia-a-dia. O ato de desinfetar é pouco palpável, não há como comprovar. O único local da casa que admite a possível existência de organismos nocivos à saúde é o banheiro. E aí tende a recair a maior quantidade de uso do desinfetante. É usado puro nos ralos e vasos sanitários e diluído em água para passar nos pisos e azulejos.

"Lá em casa não tem assim... bactérias, micróbios, algo muito profundo como em um hospital. Só no banheiro, né? Aí não dá pra escapar, banheiro não tem jeito, apesar de todos os cuidados, é um lugar que exige um produto mais potente."
(M / D / 34 anos)

C. Não separam o conceito de limpeza e desinfecção. O referencial para limpeza é o visual e o referencial para uma possível desinfecção é o olfativo. O perfume deixado pelos desinfetantes funciona como sinal de eficácia. Os perfumes mais fortes são associados a produtos eficazes:

> "A gente sente que limpou. Fica tudo branquinho, perfumado, dura o dia todo."
>
> > (M / D / 33 anos)

D. O desinfetante precisa ter perfume agradável e duradouro, poder de limpeza e desinfecção, preço acessível, embalagem plástica e bico econômico.

Exemplo de tabulação e análise das técnicas projetivas

A seguir, citamos alguns exemplos de tabulação e análise das técnicas projetivas, somente como ilustração, para que você possa ter uma idéia mais concreta do que estamos falando. Entretanto, para que estes exemplos retratem a realidade, eles precisariam ser combinados com outras técnicas de acordo com o tipo de problema em discussão.

Teste de complementação de sentenças ou quadrinhos

Exemplo: Perfil do vendedor
Pergunta/Resposta: Complete as frases com a primeira palavra que lhe vier à mente:

- Gosto da minha profissão porque... (faço o que gosto / dá prazer)
- Eu gostaria de mais... (desafios / oportunidades)
- Continuo a pensar em... (progredir / desenvolver-me profissionalmente)
- Eu ficaria encantado se houvesse em minha vida... (reconhecimento da empresa)
- Eu gostaria de mudar... (situação financeira)
- Nos fins de semana eu... (durmo / relaxo / descanso)
- Se eu pudesse mudar de profissão, seria... (advogado / médico / empresário astronauta / chefe de cozinha / *bon vivant* / oceanógrafo / turista profissional / não mudaria)

Análise: A maioria dos vendedores tem prazer na profissão de vendas e almeja sucesso, progresso, desafio e desenvolvimento. A maioria dos entrevistados parece ter receio de mudar, sonhar. O objetivo tende a ser preservar o que se tem. Nas frases que sugerem a possibilidade de mudar algo em suas vidas ou expressar um sonho especial, eles se omitem ou dão respostas convencionais. Essa ausência de emoção reflete uma vida pacata, que, por vezes, se choca com a audácia que demonstram profissionalmente.

Apesar do amor à profissão, somente um terço continuaria nela.

Fotografia ou descrição antropomórfica

Exemplo: Tubos e conexões

Pergunta: Descreva cada marca como se fosse uma pessoa (jeito/características/personalidade).
Resposta/Análise:

Marca "A"

Um homem / de 30 a 40 anos / forte / musculoso / seguro / decidido / inteligente / honesto / experiente / responsável / trabalhador / eficiente / moderno / inovador / simpático / engenheiro.

Esta é a imagem que os entrevistados constroem em torno da marca "A", o que revela:

- uma imagem idealizada (projetam o que gostariam de ser);
- um sinalizador adequado da imagem muito positiva que querem transmitir socialmente;
- o objeto eleito para demonstrar ao meio social o que idealizam para si próprios.

Mais detalhadamente, poderíamos tentar traduzir a idade mencionada — 30 a 40 anos — como sinal de maturidade do fabricante / revendedor, que possibilita conhecimento / experiência / capacidade para fabricar um produto de qualidade / para desenvolver um bom trabalho profissional.

Ao mencionarmos aspectos específicos como experiente / inteligente / eficiente, temos esse conceito reforçado.

A simpatia e a honestidade estabelecem o bom relacionamento fabricante / revendedor.

Trabalhador / eficiente / responsável / demonstram o vínculo de trabalho almejado. O fato de ser forte / musculoso associa-se à resistência do produto / revendedor.

Marca "B"

Um homem de 20 a 23 anos / porte médio / halterofilista / boa pessoa / simples, idealista / amigo / companheiro / simpático / tímido. Isso revela a imagem que os entrevistados têm da marca "B". Não tão maduro quanto "A", o jovem "B" parece estar no caminho certo; começa a se programar para ingressar na vida / fabricação de tubos e conexões com boas qualidades, que, se continuarem a ser desenvolvidas, possibilitarão um ótimo caráter / produto.

Provavelmente lembre a juventude do entrevistado que o transformou na pessoa que é hoje ou deseja ser.

O fato de ser tímido / não comunicativo / calado, talvez, esteja associado a uma comunicação / propaganda não muito intensa.

Marca "C"

Uma mulher jovem / magricela / fraquinha / inexperiente / problemática / estudante / estagiária / frágil / delicada / bonita / charmosa e tímida é a imagem construída da marca "C".

Não é madura como "A", nem está em processo de amadurecimento como "B".

A própria imagem da mulher já revela, nesse tipo de produto, restrições, devido a fragilidade / delicadeza, não condizentes com tubos e conexões.

Além disso, esta mulher se revela inexperiente e problemática, sem condições de estabelecer um vínculo perfeito e recíproco de relacionamento. Talvez, não seja a mulher idealizada pelos entrevistados, mas provavelmente a mulher/esposa que tenham em suas casas.

Capa de rosto de questionários

Bom-dia/tarde/noite. Eu sou de uma empresa de pesquisa de mercado. Estamos fazendo uma pesquisa e gostaríamos de poder contar durante alguns instantes com a sua colaboração.

Nome do entrevistado: _____

Endereço: _____

Bairro: _____ Zona: _____ Telefone: _____

Faixa etária: ☐ 18 a 24   ☐ 25 a 35   ☐ 36 a 45   ☐ Mais de 45

Estado civil: ☐ Solteiro(a)   ☐ Casado(a)   ☐ Separado(a)   ☐ Viúvo(a)

Grau de escolaridade do entrevistado:

☐ Analfabeto / Até 3ª Série Fundamental

☐ 4ª Série Fundamental   ☐ Fundamental completo / Médio incompleto

☐ Médio completo / Superior incompleto   ☐ Superior completo

Renda familiar: _____

O Sr.(a) ou alguém de sua família trabalha em:

☐ Pesquisa de mercado   ☐ Publicidade   ☐ Marketing

(SE SIM, ENCERRE)

CRITÉRIO DE CLASSIFICAÇÃO ECONÔMICA BRASIL

Posse de itens	Não tem	1	2	3	4 ou +	Grau de instrução do chefe da família	
Televisão em cores	0	1	2	3	4	Analfabeto / Até 3ª Série Fundamental	0
Rádio	0	1	2	3	4	4ª Série Fundamental	1
Banheiros	0	4	5	6	7	Fundamental completo / Médio incompleto	2
Automóvel	0	4	4	9	9	Médio completo / Superior incompleto	4
Empregada mensalista	0	3	4	4	4	Superior completo	8
Máquina de lavar roupa	0	2				A1 – (42-46) A2 – (35-41)	
DVD / Videocassete	0	2				B1 – (31-34) B2 – (23-30)	
Geladeira	0	4				C1 – (18-22) C2 – (14-17)	
Freezer	0	2				D – (08-13) E – (00-07)	

Crítica:	Entrevistador:
Checking:	Data:
Completo:	Supervisor:
Letra:	Data:

VÁLIDO ( ) COMPLEMENTAR INFORMAÇÕES ( ) ANULADO ( )
OBSERVAÇÕES ADICIONAIS:

_____

_____

_____

_____

_____

_____

Apêndice

Questionários

1. Questionário – Case Moda Jeans

Problema: Os jovens de Atibaia têm necessidades, desejos e comportamentos semelhantes aos dos paulistanos, que comportem a abertura de uma loja com grifes internacionais?

Objetivo geral: Conhecer o perfil do consumidor de jeans *premium* em Atibaia.

Hipóteses	Objetivos específicos
1. Sim. Os jovens têm estilo de vida similar.	• Dados demográficos • Hábitos de lazer • Assuntos de interesse • Tipo de música ouvida • Preferência por mídia
2. Sim. Vestuário é o item de consumo de maior interesse do jovem porque ajuda mostrar a sua identidade.	• Concentração dos gastos mensais • Freqüência de compra de roupa e acessórios • Valor gasto por compra • Peças que costumam comprar
3. Sim. As etiquetas famosas são símbolos de *status* em qualquer lugar.	• Marcas que fazem parte da vida • Marcas de jeans que costumam comprar • Marcas de roupas que costumam comprar
4. Não. Embora tenham estilo de vida similar, os jovens preferem comprar em São Paulo ou Campinas, pois conciliam passeio e lazer.	• Freqüência ao comércio de Atibaia / São Paulo / Campinas • Razões da freqüência ou não ao comércio de Atibaia • Opinião sobre uma nova loja

Hipótese 1: Sim. Os jovens têm estilo de vida similar.
Objetivos

- Dados demográficos;

124 • PESQUISA DE MARKETING

- Hábitos de lazer;
- Assuntos de interesse;
- Tipo de música ouvida;
- Preferência por mídia.

1. Dados demográficos:
   a) Sexo: _____ b) Idade: _____
   c) Estado civil: _____ d) Filhos: _____
   e) Grau de instrução: _____
   f) Renda individual: _____
   g) Fonte de renda: ☐ trabalho ☐ mesada ☐ outros. Qual(is)? _____

2. Cite os três principais hábitos de lazer que fazem parte de sua rotina:
   ☐ Assistir a filmes
   ☐ Comer/passear em *shopping centers*
   ☐ Viajar nos finais de semana
   ☐ Freqüentar danceterias
   ☐ Praticar esportes
   ☐ Praticar esportes radicais
   ☐ Fazer ginástica em academia
   ☐ Jantar fora
   ☐ Ler livros para fins de lazer
   ☐ Assistir ao futebol em estádios
   ☐ Freqüentar salões de beleza
   ☐ Outros. Qual(is)? _____

3. Cite os três principais assuntos de seu interesse:
   ☐ Economia/política
   ☐ Mercado de trabalho
   ☐ Ciência e tecnologia
   ☐ Moda e estética
   ☐ Esportes
   ☐ Saúde
   ☐ Dieta e nutrição
   ☐ Atualidades
   ☐ Humor/músicas e passatempos
   ☐ Celebridades e novelas
   ☐ Outros. Qual(is)? _____

4. Cite o principal tipo de música que costuma ouvir:
   ☐ Rock   ☐ Pagode   ☐ Clássica   ☐ Axé
   ☐ MPB   ☐ Sertanejo   ☐ Funk   ☐ Pop
   ☐ Outros. Qual(is)? _____

APÊNDICE A — QUESTIONÁRIOS • 125

5. Cite os:

a) Três principais programas de TV a que assiste/preferidos: _____

_____

b) Três principais títulos de revista que costuma ler: _____

_____

c) Três principais emissoras de rádio que costuma ouvir: _____

_____

d) Três principais *sites*/portais que costuma acessar: _____

_____

6. Você possui:

a) Orkut ☐ sim ☐ não
Se sim, qual o seu nível de satisfação com o Orkut?
☐ Insatisfeito ☐ Razoavelmente satisfeito ☐ Satisfeito

b) Blog ☐ sim ☐ não
Se sim, qual o seu nível de satisfação com o blog?
☐ Insatisfeito ☐ Razoavelmente satisfeito ☐ Satisfeito

c) Fotolog ☐ sim ☐ não
Se sim, qual o seu nível de satisfação com o fotolog?
☐ Insatisfeito ☐ Razoavelmente satisfeito ☐ Satisfeito

d) IPod ☐ sim ☐ não
Se sim, qual o seu nível de satisfação com o *Ipod*?
☐ Insatisfeito ☐ Razoavelmente satisfeito ☐ Satisfeito

d) Celular ☐ sim ☐ não
Se sim, você costuma utilizar:
☐ Mensagem de texto ☐ Câmera

f) MSN ☐ sim ☐ não
Se sim, você costuma utilizar:
☐ Diariamente ☐ Finais de semana ☐ Esporadicamente

Hipótese 2: Sim. Vestuário é o item de consumo de maior interesse do jovem porque ajuda a transmitir a sua identidade.

Objetivos
- Concentração dos gastos mensais;
- Freqüência de compra de roupa e acessórios;
- Valor gasto por compra;
- Peças que costumam comprar.

7. Selecione três alternativas em que você costuma concentrar seus gastos mensais:
☐ Vestuário ☐ Lazer ☐ Eletro-eletrônicos ☐ Beleza/estética
☐ Alimentação ☐ Materiais escolares ☐ Despesas do lar ☐ Poupança
☐ Outros. Qual(is)? _____

126 • PESQUISA DE MARKETING

8. Com que freqüência você costuma comprar:

	Todo mês	A cada 2 ou 3 meses	A cada 4 a 6 meses	A cada 7 a 12 meses	Mais de 1 vez ao ano
a) *Lingerie*	☐	☐	☐	☐	☐
b) Roupas	☐	☐	☐	☐	☐
c) Bolsas	☐	☐	☐	☐	☐
d) Sapatos	☐	☐	☐	☐	☐
e) Jóias	☐	☐	☐	☐	☐

9. E aproximadamente quanto você gasta a cada compra de:

	Até R$ 200	de R$ 201 a 500	de R$ 501 a 1.000	de R$ 1.001 a 5.000	de R$ 5.001 a 10.000	Mais de R$ 10.000
a) *Lingerie*	☐	☐	☐	☐	☐	☐
b) Roupas	☐	☐	☐	☐	☐	☐
c) Bolsas	☐	☐	☐	☐	☐	☐
d) Sapatos	☐	☐	☐	☐	☐	☐
e) Jóias	☐	☐	☐	☐	☐	☐

10. Cite:

a) Com que freqüência compra cada peça de vestuário: _____

b) O número de peças: _____

c) Quanto gasta em cada compra: _____

Hipótese 3: Sim. As etiquetas famosas são símbolos de *status* em qualquer lugar.

Objetivos

- Marcas que fazem parte da vida.
- Marcas de jeans que costumam comprar.
- Marcas de roupas que costumam comprar.

11. Cite cinco marcas que você mais considera ou as que mais fazem parte de sua vida:

1. _____ 2. _____ 3. _____ 4. _____ 5. _____

12. Quais marcas de jeans você costuma comprar?

☐ Diesel	☐ Forum	☐ Armani	☐ Ellus	☐ Triton
☐ Miss Sixty	☐ Camarim	☐ Zoomp	☐ Seven	☐ M. Officer

☐ Outros. Qual(is)? _____

APÊNDICE A – QUESTIONÁRIOS • 127

13. Quais marcas de roupas você costuma comprar?

☐ Animale ☐ Giorgio Armani ☐ Marc Jacobs
☐ Alexandre Herchovitch ☐ Versace ☐ Forum
☐ Isabela Capeto ☐ Calvin Klein ☐ Iódice
☐ Raia de Goeye ☐ Dolce & Gabbana ☐ Zoomp
☐ Fause Haten ☐ Prada ☐ Outras. Quais?_____

Hipótese 4: Não. Embora tenham estilo de vida similar, os jovens preferem comprar em São Paulo ou Campinas, pois conciliam passeio e lazer.

Objetivos
* Freqüência ao comércio de Atibaia, São Paulo, Campinas.
* Razões da freqüência ou não ao comércio de Atibaia.
* Opinião sobre uma nova loja.

14. Onde você costuma comprar roupas de grife mais freqüentemente:

☐ Lojas em Atibaia. ☐ Shopping de São Paulo. ☐ Shopping de Campinas.
☐ Lojas de quarteirão de moda, como as da rua Oscar Freire.
☐ Fora de Atibaia.
Onde? _____

15. Por que costuma comprar roupas de grife em:

	Atibaia	Shopping em São Paulo	Shopping em Campinas	Rua Oscar Freire
Proximidade				
Fácil circular pelas ruas e lojas				
Fácil encontrar o que quero				
Tem produtos de qualidade				
O atendimento é bom				
As lojas são diversificadas				
Produtos baratos				
Bons preços				
Tem muitas novidades				
Maior segurança				
Facilidade de estacionar				
Passeio/lazer				
Lojistas são meus amigos				

16. Qual sua opinião sobre a abertura de uma loja de grifes internacionais em Atibaia?

☐ Ótimo ☐ Bom ☐ Regular ☐ Ruim ☐ Péssimo
Por quê?_____

128 • PESQUISA DE MARKETING

17. Você passaria a comprar nessa loja?
☐ Certamente compraria.
☐ Provavelmente compraria.
☐ Não tenho certeza se compraria.
☐ Provavelmente não compraria.
☐ Certamente não compraria.

18. Qual destas frases descreve melhor seus sentimentos em relação à idéia dessa loja:
☐ Faria parte do meu dia-a-dia.
☐ Importante, Atibaia está crescendo.
☐ Não precisaria me deslocar.
☐ Estaria sempre atualizada sobre lançamentos/tendências.
☐ Passaria a comprar nessa loja.
☐ Visitaria com freqüência.

2. Questionário – Case Propaganda Bom Bril® X Assolan®

Problema	Objetivo geral
Diante dessa disputa, Assolan® continuará a crescer significativamente no mercado?	Identificar quais foram os fatores que levaram Assolan® a ter crescimento significativo nos últimos anos.
Hipóteses	**Objetivos específicos**
1. Assolan® virou *top of mind*.	*Top of mind; share of mind*
2. Apesar de ser um produto novo, Assolan é mais competitivo que o seu concorrente	Marcas utilizadas • Razões de escolha • Razões de abandono • Razões de não-utilização • Características mais valorizadas • Consumo: quem consome, ocasiões, formas de uso
3. Assolan está associado a modernidade	Imagem do produto: confiável, conhecida, simpática etc.
4. As campanhas de Assolan são mais diretas com o consumidor.	Avaliação da propaganda (Assolan *versus* Bom Bril): lembrança, entendimento, empatia, credibilidade e imagem transmitida
5. O nome tem ligação imediata com o conceito do produto	Associação ao nome • Empatia • Facilidade de memorização • Impacto • Inovação

Hipótese 1: Assolan virou *top of mind.*

Objetivos
- *Top of mind;*
- *Share of mind.*

1. Quando eu falo em esponja de aço, qual a primeira marca que lhe vem à mente?
   ☐ Assolan   ☐ Bom Bril   ☐ Lustro   ☐ Outras. Qual (is):_____

2. Que marcas de esponja de aço você conhece?
   ☐ Assolan   ☐ Bom Bril   ☐ Lustro   ☐ Outras. Qual (is):_____

3. Deste cartão, quais marcas você conhece?
   ☐ Assolan   ☐ Bom Bril   ☐ Lustro

Hipótese 2: Apesar de ser um produto novo, Assolan é mais competitivo que o seu concorrente.

Objetivos
- Marcas utilizadas
- Razões de escolha de marca utilizada
- Razões de abandono
- Razões de não-utilização
- Características mais valorizadas no produto
- Consumo (quem consome, ocasiões, formas de uso)

4. Que marca usa habitualmente? Por quê?
   ☐ Assolan   ☐ Bom Bril   ☐ Lustro   ☐ Outras. Qual(is)?_____

	Assolan	Bom Bril	Lustro	Outras
Maciez				
Não risca				
Não enferruja				
Não embola				
Durável				
Não solta fiapo				
Não machuca a mão				
Preço bom				
Hábito/tradição				
Fácil de encontrar				
Outras/Quais?				

130 • PESQUISA DE MARKETING

5. Que marca já utilizou e parou de utilizar? Por quê?

☐ Assolan ☐ Bom Bril ☐ Lustro ☐ Outras. Qual(is)? _____

	Assolan	Bom Bril	Lustro	Outras
Muito dura				
Risca				
Enferruja				
Embola				
Não é durável				
Solta fiapo				
Machuca a mão				
Preço alto				
Difícil de encontrar				
Outras/Quais?				

6. Quais as características que mais valoriza em uma esponja de aço? Enumere de 1 a 10.

( ) Maciez

( ) Não risca

( ) Não enferruja

( ) Durável

( ) Não solta fiapo

( ) Não machuca a mão

( ) Preço bom

( ) Não embola

( ) Fácil de encontrar

7. Quem compra esponja de aço na sua casa?

☐ Dona de casa ☐ Empregada ☐ Marido ☐ Filhos ☐ Outro(s)

Qual(is)?_____

8. Onde compra?

☐ Supermercado ☐ Mercadinho ☐ Feira ☐ Outro(s)

Qual(is)?_____

9. Com que freqüência?
   ☐ Semanal   ☐ Quinzenal   ☐ Mensal   ☐ Outros. Qual(is)? _____

10. Quantas embalagens compra por mês?
    ☐ Uma   ☐ Duas   ☐ Três   ☐ Quatro ou mais

11. Quem usa esponja de aço?
    ☐ Dona de casa ☐ Empregada   ☐ Marido   ☐ Filhos ☐ Outro(s).
    Qual(is)?_____

12. Quem mais usa?
    ☐ Dona de casa ☐ Empregada   ☐ Marido   ☐ Filhos   ☐ Outro(s).
    Qual(is)?_____

13. Para que usa?
    ☐ Panela   ☐ Louça   ☐ Fogão   ☐ Talher   ☐ Azulejo
    ☐ Outro(s). Qual(is)? _____

14. Como usa?
    ☐ Com detergente   ☐ Sapólio   ☐ Sabão em pedra   ☐ Só esponja
    ☐ Outros. Qual(is)? _____

—

Hipótese 3: Assolan está associado à modernidade.
Objetivo

   Imagem do produto: confiável / conhecida / simpática / segura / arrojada / dinâmica / eficiente / ágil / atual.

15. Gostaríamos de saber se você associa ou não cada uma das características com as marcas de esponja de aço que conhece:

	Assolan	Bom Bril	Lustro	Outras
Audaciosa				
Inteligente				
Moderada				
Simples				
Na moda				
Glamorosa				
Ativa				
Ganhando popularidade				
Atual				
Simpática				
Confortável				
Dinâmica				

132 • PESQUISA DE MARKETING

Hipótese 4: As campanhas de Assolan são mais diretas com o consumidor.

Objetivo

    Avaliação da propaganda (Assolan X Bom Bril): lembrança / entendimento / empatia / credibilidade / imagem transmitida.

16. Lembra de ter visto propaganda de esponja de aço?
    ☐ Sim   ☐ Não (ENCERRE)

17. De qual marca?
    ☐ Assolan   ☐ Bom Bril   ☐ Lustro   ☐ Outras
    Qual(is)? _____

18. Descreva o que viu e ouviu.
    _____
    _____
    _____

19. O que a propaganda quer dizer sobre o produto?
    _____
    _____
    _____

20. Existe algo difícil de acreditar?
    ☐ Não   ☐ Sim. O quê? _____

21. Do que mais gostou?
    _____
    _____
    _____

22. Do que menos gostou?
    _____
    _____
    _____

Hipótese 5: O nome tem ligação imediata com o conceito do produto.

Objetivos

- Associação ao nome
- Empatia
- Facilidade de memorização
- Impacto
- Inovação.

23. Em relação ao nome da esponja, qual sua opinião sobre Assolan e Bom Bril?

	Assolan	Bom Bril
Gosto		
Não gosto		
Inovador		
Comum		
Fácil de memorizar		
Difícil de memorizar		
Causa impacto		
Não causa impacto		

3. Questionário – Case Turismo – Hotel

Problema: Em um mercado hoteleiro, altamente competitivo, o hotel "X" está tendo uma boa repercussão entre os hóspedes?

Objetivo principal: Avaliar a qualidade dos produtos e serviços do hotel "X".

Hipóteses	Objetivos específicos
1. Sim. Possui boa infra-estrutura.	• Avaliação do espaço físico: apartamentos, salas e áreas de lazer.
2. Sim. Possui boa qualidade de atendimento.	• Avaliação dos serviços de recepção, restaurante, copa, camararia, manutenção, gerência, monitores para crianças em relação a conhecimento, cortesia, confiabilidade, criatividade e rapidez.
3. Sim. As experiências dos hóspedes têm sido agradáveis e positivas e eles o recomendam a terceiros.	• Nível de satisfação geral. • Intenção de retorno. • Recomendação a terceiros.

Hipóteses: 1. Sim. Possui boa infra-estrutura.

2. Sim. Possui boa qualidade de atendimento.

Objetivo

Avaliação do espaço físico.

1. Quantas vezes visitou esta cidade?

_____

_____

2. A última vez em que visitou esta cidade, por quantos dias se hospedou?
☐ 1 dia   ☐ 2 dias   ☐ 3 dias   ☐ 4 dias   ☐ 5 dias   ☐ 6 dias   ☐ 7 dias
☐ mais de 7 dias

3. Quanto gastou por dia por pessoa?

_____

_____

_____

4. Qual o motivo de sua visita?
☐ Lazer   ☐ Ecologia   ☐ Trabalho   ☐ Descanso   ☐ Aventura
☐ Esporte   ☐ Cultura
☐ Outro(s). Qual(is)? _____

5. Por que escolheu nosso hotel?
☐ Preço   ☐ Conforto   ☐ Lazer   ☐ Localização   ☐ Tranqüilidade
☐ Outro(s). Qual(is)? _____

6. Como soube do nosso hotel?
☐ Internet   ☐ Revistas   ☐ Jornais   ☐ Guias   ☐ Amigos
☐ Outro(s). Qual(is)? _____

7. Como você classifica o nosso hotel quanto a:

Serviço de recepção

Tempo de espera	☐ excelente	☐ bom	☐ regular	☐ ruim	☐ péssimo
Cortesia	☐ excelente	☐ bom	☐ regular	☐ ruim	☐ péssimo
Conhecimento sobre produtos e serviços do hotel	☐ excelente	☐ bom	☐ regular	☐ ruim	☐ péssimo
Confiabilidade	☐ excelente	☐ bom	☐ regular	☐ ruim	☐ péssimo

Restaurante e copa

Tempo de espera do pedido	☐ excelente	☐ bom	☐ regular	☐ ruim	☐ péssimo
Disponibilidade do *maître* ou garçom	☐ excelente	☐ bom	☐ regular	☐ ruim	☐ péssimo
Qualidade do café-da-manhã	☐ excelente	☐ bom	☐ regular	☐ ruim	☐ péssimo
Cortesia da equipe	☐ excelente	☐ bom	☐ regular	☐ ruim	☐ péssimo
Qualidade dos produtos	☐ excelente	☐ bom	☐ regular	☐ ruim	☐ péssimo
Apresentação do local	☐ excelente	☐ bom	☐ regular	☐ ruim	☐ péssimo
Valor dos pratos	☐ excelente	☐ bom	☐ regular	☐ ruim	☐ péssimo

Camareira e manutenção

Limpeza dos apartamentos □ excelente □ bom □ regular □ ruim □ péssimo

Tempo de espera ao solicitar o serviço da camareira □ excelente □ bom □ regular □ ruim □ péssimo

Tempo de espera ao solicitar o serviço de manutenção □ excelente □ bom □ regular □ ruim □ péssimo

Cortesia □ excelente □ bom □ regular □ ruim □ péssimo

Conhecimento sobre produtos e serviços do hotel □ excelente □ bom □ regular □ ruim □ péssimo

Confiabilidade □ excelente □ bom □ regular □ ruim □ péssimo

Satisfação com o apartamento □ excelente □ bom □ regular □ ruim □ péssimo

Gerentes

Cortesia □ excelente □ bom □ regular □ ruim □ péssimo

Rapidez □ excelente □ bom □ regular □ ruim □ péssimo

Confiabilidade □ excelente □ bom □ regular □ ruim □ péssimo

Conhecimento sobre produtos e serviços do hotel □ excelente □ bom □ regular □ ruim □ péssimo

Monitores para crianças

Disponibilidade □ excelente □ bom □ regular □ ruim □ péssimo

Habilidade com crianças □ excelente □ bom □ regular □ ruim □ péssimo

Tomam iniciativa de cuidar das crianças □ excelente □ bom □ regular □ ruim □ péssimo

Cortesia □ excelente □ bom □ regular □ ruim □ péssimo

Brincadeiras e jogos criativos □ excelente □ bom □ regular □ ruim □ péssimo

Instalações

Recepção	☐ excelente	☐ bom	☐ regular	☐ ruim	☐ péssimo
Salas de estar	☐ excelente	☐ bom	☐ regular	☐ ruim	☐ péssimo
Áreas de lazer	☐ excelente	☐ bom	☐ regular	☐ ruim	☐ péssimo
Apartamentos	☐ excelente	☐ bom	☐ regular	☐ ruim	☐ péssimo
Restaurante	☐ excelente	☐ bom	☐ regular	☐ ruim	☐ péssimo
Bar	☐ excelente	☐ bom	☐ regular	☐ ruim	☐ péssimo
Sala de convenções	☐ excelente	☐ bom	☐ regular	☐ ruim	☐ péssimo
Salão de jogos	☐ excelente	☐ bom	☐ regular	☐ ruim	☐ péssimo
Sala de leitura	☐ excelente	☐ bom	☐ regular	☐ ruim	☐ péssimo
Piscina	☐ excelente	☐ bom	☐ regular	☐ ruim	☐ péssimo
Sauna	☐ excelente	☐ bom	☐ regular	☐ ruim	☐ péssimo
Pista de *cooper*	☐ excelente	☐ bom	☐ regular	☐ ruim	☐ péssimo
Parque de diversão	☐ excelente	☐ bom	☐ regular	☐ ruim	☐ péssimo
Lavanderia	☐ excelente	☐ bom	☐ regular	☐ ruim	☐ péssimo
Academia de ginástica	☐ excelente	☐ bom	☐ regular	☐ ruim	☐ péssimo
Quadra de tênis	☐ excelente	☐ bom	☐ regular	☐ ruim	☐ péssimo
Internet/*lan house*	☐ excelente	☐ bom	☐ regular	☐ ruim	☐ péssimo
Passeios promovidos pelo hotel	☐ excelente	☐ bom	☐ regular	☐ ruim	☐ péssimo

Hipótese 3: Sim. As experiências dos hóspedes têm sido agradáveis e positivas e estes o recomendam a terceiros.

Objetivos
- Nível de satisfação geral.
- Intenção de retorno.
- Recomendação a terceiros.

8. De forma geral, qual a sua satisfação com o hotel? ☺ ☺ ☹

9. Você continuará vindo ao hotel? 1. Sim ( )   2. Não ( )   3. Talvez ( )

10. Você recomendaria o hotel a outras pessoas? 1. Sim ( )   2. Não ( )   3. Talvez ( )

11. Escreva uma frase que defina o hotel.

12. Escreva suas observações sobre o hotel.

Apêndice

B Critério Brasil

Critério Brasil: Sistema de Pontos

Posse de itens	Não tem	1	2	3	4 ou +
Televisão em cores	0	1	2	3	4
Rádio	0	1	2	3	4
Banheiros	0	4	5	6	7
Automóvel	0	4	4	9	9
Empregada mensalista	0	3	4	4	4
Máquina de lavar roupa	0	2	2	2	2
DVD/ Videocassete	0	2	2	2	2
Geladeira	0	4	4	4	4
Freezer	0	2	2	2	2

Grau de instrução do chefe da família	
Analfabeto/Até a 3ª Série Fundamental	0
4ª Série Fundamental	1
Fundamental completo/ Médio incompleto	2
Médio completo/ Superior incompleto	4
Superior completo	8

Classe	Pontos
A1	42-46
A2	35-41
B1	29-34
B2	23-28
C1	18-22
C2	14-17
D	8-13
E	0-7

Fonte: ABEP – Associação Brasileira das Empresas de Pesquisa – 2008 – www.abep.org
ABA – Associação Brasileira de Anunciantes – www.aba.com.br

Bibliografia

CAPÍTULO 1

AAKER, David A.; KUMAR, V.; DAY, George S. *Pesquisa de marketing*. Tradução de Reynaldo Cavalheiro Marcondes. São Paulo: Atlas, 2001.

BASTA, Darci; MARCHESINI, Fernando Roberto de Andrade; OLIVEIRA, José Antonio Ferreira de; SÁ, Luís Carlos de. *Fundamentos de marketing*. 7ª ed. Rio de Janeiro: FGV, 2006.

CAMPOMAR, Marcos Cortez; IKEDA, Ana Akemi. *O planejamento de marketing e a confecção de planos*: dos conceitos a um novo modelo. São Paulo: Saraiva, 2006.

CHURCHILL JR., Gilbert A. e PETER, J. Paul. *Marketing*: criando valor para o cliente. Tradução de Cecília Camargo Bartalotti e Cid Knipel Moreira. São Paulo: Saraiva, 2000.

MALHOTRA, Naresh K. et al. *Introdução a pesquisa de marketing*. Tradução de Robert Brian Taylor. São Paulo: Prentice Hall, 2005.

PINHEIRO, Roberto Mendes; CASTRO, Guilherme Caldas de; SILVA, Helder Haddad; NUNES, José Mauro Gonçalves. *Comportamento do consumidor e pesquisa de mercado*. Rio de Janeiro: FGV, 2006 – reimpressão.

CAPÍTULO 2

AAKER, David A.; KUMAR, V.; DAY, George S. *Pesquisa de marketing*. Tradução de Reynaldo Cavalheiro Marcondes. São Paulo: Atlas, 2001.

GUIA do usuário de Pesquisa. Revisão 1997/1998. ABA.

MALHOTRA, Naresh K. et al. *Introdução a pesquisa de marketing*. Tradução de Robert Brian Taylor. São Paulo: Prentice Hall, 2005.

140 • PESQUISA DE MARKETING

POLETTO, Adalberto; POLETTO, Regina Junqueira Mendonça; GABOS, Stela Maria de. *Pesquisa de mercado* – guia de referência. Companhia Paulista de Pesquisa de Mercado, 1998.

CAPÍTULO 3

ABBOTT, Maria Luiza. *Crescem exportações de lingerie brasileira para Oriente Médio*. São Paulo: SP, 2003. Disponível em: <http://ww1.folha.uol.com.br/folha/bbc/ult272u2603.shtml> e <http://www.omelhordamodaintima.com.br/resultado_categoria.asp?CatID=139>. Acesso em 30 out.2006.

AC Nielsen, em <http://www.nielsen.com.br>. Acesso em 15.abr.2006.

AZZONI, Dagoberto. Paulistano pós-Cruzado é mais cheiroso. *Folha da Tarde,* São Paulo, 20.set.1986, p. 9.

BISPO, Tainá. *Barbearias sucumbem à modernidade dos salões*. São Paulo, SP, 2007. Disponível em: <http://www.abeved.org.br/htdocs/index.php?secao=noticias&noticia_id=881>. Acesso em 14 out.2006.

CAPELA, Maurício. Del Valle contra todos. São Paulo, SP, 2004. Disponível em: <http://www.terra.com.br/istoedinehiro/356/negocios/delvalle_contra.htm>. Acesso em 11 fev.2008.

COTRIM, Sérgio P. de Queiroz. *Contato imediato com pesquisa de propaganda*. São Paulo: Global, 1988.

DANTAS, Vera. Hábitos regionais orientam fabricantes. *O Estado de S. Paulo*, São Paulo, 05.mar.2007. Economia, p. B5.

DIAS, Sérgio Roberto Dias (coord.). *Gestão de marketing*. São Paulo: Saraiva, 2003.

DURÃO, Vera Saavedra. *Homens alavancam a indústria da beleza*. São Paulo, SP, 2007. Disponível em<http://www2.uol.com.br/aprendiz/n_colunas?j_beting/id14100.htm>. Acesso em 14 abr.2006.

FRUTICOM, em <http://www.fruticom.com.br>. Acesso em 11.fev.2008.

GADE, Christiane. *Psicologia do consumidor*. São Paulo: EPU, 1980.

GIGLIO, Ernesto. *O comportamento do consumidor*. 2ª ed. Revista e ampliada. São Paulo: Pioneira–Thompson Learning, 2002.

JOHNSON, Lisa; LEARNED, Andréa. *Por que as mulheres compram?* Estratégias de marketing para conquistar um novo público. Tradução de Bazán Tecnologia e Lingüística. São Paulo: Futura, 2005.

KARSAKLIAN, Eliane. *Comportamento do consumidor*. São Paulo: Atlas, 2000.

BIBLIOGRAFIA • 141

LEWIS, Dr. David; BRIDGER, Darren. *A alma do consumidor*. Tradução de Maria Lúcia Rosa. São Paulo: M.Books, 2004.

LUPETTI, Marcélia. *Gestão estratégica da comunicação mercadológica*. São Paulo: Thomson Learning, 2007.

QUALIBEST, em <http://www.qualibest.com.br>. Acesso em 24 nov. 2005.

MARCHIONNO, Danielee Zeitune; SANTOS, Heloísa Cremm; BREUEL, Lory Cristina de Faria: MAJILICE, Valéria Sales. *Pesquisa sobre o conceito de luxo na cidade de São Paulo: um estudo sobre a classe C*. Trabalho de Conclusão de Curso (Graduação de Negócios da Moda), Universidade Anhembi Morumbi, São Paulo, 2006.

MATTAR, Fauze Najib. *Pesquisa de marketing*. Edição compacta. São Paulo: Atlas, 1996.

MULHERES da Classe C — Segmentação. São Paulo: Editora Abril, 2003.

NADER, Vinicius. Oportunidades de Negócios. *Sebrae*, São Paulo, SP. Disponível em: <http://www.sebrae-sp.com.br>. Acesso em 26 abr.2005.

OROSCO, Dolores. *Espelho, espelho meu*. São Paulo, SP, 2003. Disponível em: www.terra.com.br istoé istoé_sp dia_dos_pais_2003 reportagens espelho_espelho.htm (5)

PEREIRA, Eliane. A hora do consumidor bossa nova. *Meio & Mensagem*, São Paulo, 20.mar.2005. Mercado, p.54.

PEREIRA, Eliane. Mais dinheiro no bolso. *Meio & Mensagem*, São Paulo, 12.jun.2006. Pesquisa, p.33.

PINHEIRO, Roberto Mendes; CASTRO, Guilherme Caldas de; SILVA, Helder

Haddad; NUNES, José Mauro Gonçalves. *Comportamento do consumidor e pesquisa de mercado*. Rio de Janeiro: FGV, 2006 – reimpressão.

POPCORN, Faith. O relatório Popcorn: centenas de idéias de novos produtos. Tradução de Outras Palavras Consultoria Lingüística e Serviços de Informática. Rio de Janeiro: Campus, 1994.

PROPAGANDA dá pouca importância ao consumidor com mais de 50 anos. *Meio & Mensagem*, São Paulo, p. 4, 29.nov.1993.

REVISTA Shopping Centers. *Abrasce*, São Paulo: SP. Disponível em: <http://www.abrasce.com.br>. Acesso em 24 abr.2005.

SAMARA, Beatriz Santos; BARROS, José Carlos de. *Pesquisa de marketing* – conceitos e metodologia. 3ª ed. São Paulo: Prentice Hall, 2002.

SCHWERINER, Mario Ernesto René. *Comportamento do consumidor:* Identificando necejos e supérfluos essenciais. São Paulo: Saraiva, 2006.

CAPÍTULO 4

OFERTAS pós-carnaval. *Meio & Mensagem*. São Paulo, SP, abr. 2007 p. 46-47.

PESQUISA Veet traça o comportamento das mulheres brasileiras em relação aos pêlos de seu corpo. Disponível em:<http://www.reckittebanckiser.com.br>. Acesso em 15 mai.2007.

CAPÍTULO 5

AAKER, David A.; KUMAR, V.; DAY, George S. *Pesquisa de marketing*. Tradução de Reynaldo Cavalheiro Marcondes. São Paulo: Atlas, 2001.

BRANCATELLI, Rodrigo; DEODATO, Lívia. Brasil é o segundo em vendas de jeans de luxo. *O Estado de S. Paulo*, São Paulo, 18.jun.2007, Cidades, p. C16.

ETNOGRAFIA: solução ou caminho de volta. *Meio & Mensagem*. São Paulo, SP, 02.abr.07, p.54.

FORTALSAMPA. Disponível em http://www.fortalsampahpg.ig.com.br/programacao_sp_004.htm. Acesso em 17.mai.2006.

GIL, Antonio Carlos. *Como elaborar projetos de pesquisa*. 3ª ed. São Paulo: Atlas, 1991.

LEGRAIN, Marc; MAGAIN, Daniel. *Estudo de mercado*. Tradução de Márcia Saliola. São Paulo: Makron Books, 1992.

MALHOTRA, Naresh K. et al. *Introdução a pesquisa de marketing*. Tradução de Robert Brian Taylor. São Paulo: Prentice Hall, 2005.

POLETTO, Adalberto; POLETTO, Regina Junqueira Mendonça; GABOS, Stela Maria de. *Pesquisa de mercado* – guia de referência. Companhia Paulista de Pesquisa de Mercado, 1998.

RIBEIRO, Marili. Garoto Bom Bril volta para cutucar. *O Estado de S.Paulo*, 2007, disponível em: http://www.estadao.com.br/editoriais/2007/04/24/eco_1.93.4.22070424.461.xml Acesso em 12.fev.2008.

CAPÍTULO 6

GUIA do usuário de Pesquisa. Revisão 1997/1998. ABA

LINGERIE de todos os jeitos. Disponível em: http://www.centershop.com.br/mostra_conteudo.php/referencia=aprenda_fazer&conteudo=807&codigo807. Acesso em 12.fev.2008.

POLETTO, Adalberto; POLETTO, Regina Junqueira Mendonça; GABOS, Stela Maria de. *Pesquisa de mercado* – guia de referência. Companhia Paulista de Pesquisa de Mercado, 1998.

CAPÍTULO 7

GUIA do usuário de Pesquisa. Revisão 1997/1998. ABA.

MOOHERDAUI, Bel. Seios ao alto; Sutiãs estruturados, que levantam e dão volume, conquistam as brasileiras. *Revista Veja*, Edição 1816, 20.ago.2003.

POLETTO, Adalberto; POLETTO, Regina Junqueira Mendonça; GABOS, Stela Maria de. *Pesquisa de mercado* – guia de referência. Companhia Paulista de Pesquisa de Mercado, 1998.

CAPÍTULO 8

GUIA do usuário de Pesquisa. Revisão 1997/1998. ABA.

MALHOTRA, Naresh K. et al. *Introdução a pesquisa de marketing*. Tradução de Robert Brian Taylor. São Paulo: Prentice Hall, 2005.

MATTAR, Fauze Najib. *Pesquisa de marketing*. Edição compacta. São Paulo: Atlas, 1996.

CAPÍTULO 9

AC Nielsen, em <http://www.nielsen.com.br>. Acesso em 15.abr.2006.

FOLHA Top of Mind. *Folha de São Paulo*. São Paulo, 24.out.2006.

MALHOTRA, Naresh K. et al. *Introdução a pesquisa de marketing*. Tradução de Robert Brian Taylor. São Paulo: Prentice Hall, 2005.

MATTAR, Fauze Najib. *Pesquisa de marketing*. Edição compacta. São Paulo: Atlas, 1996.

CAPÍTULO 10

GUIA do Usuário de Pesquisa. Revisão 1997/1998. ABA.

MATTAR, Fauze Najib. *Pesquisa de marketing*. Edição compacta. São Paulo: Atlas, 1996.

O DESENVOLVIMENTO da estratégia publicitária na Young & Rubican. 4ª ed. São Paulo, março de 1985.

TEXTILIA, em <http://www.textilia.com.net/sitenovo/portal_modas>. Acesso em 10 fev. 2008.

APÊNDICES

ASSOCIAÇÃO Brasileira de Anunciantes, em <http://www.aba.com.br>. Acesso em 18 set. 2006.